직장에서 쓸모 있는

고수의
업무노트

직장에서 쓸모 있는
고수의 업무노트

초판 인쇄 2021년 1월 11일
초판 발행 2021년 1월 18일

지은이   정병익
펴낸곳   다른상상
등록번호   제399-2018-000014호
전화   031)840-5964
팩스   031)842-5964
전자우편   darunsangsang@naver.com

ISBN 979-11-90312-28-8 03320

독자 여러분의 책에 관한 아이디어나 원고 투고를 설레는 마음으로 기다리고 있습니다.
이메일로 간단한 개요와 취지, 연락처를 보내주세요. 독자님과 함께하겠습니다.

직장에서 쓸모 있는
고수의
업무노트

정병익 지음

다른
상상

나는 어떻게 일하고 있는가?

나는 보스턴컨설팅그룹(BCG)에서 몇 년간 경험을 쌓은 후 LG전자 전략기획팀으로 이직을 하였다. 당시 우리 팀은 BCG 출신인 나를 포함해서 베인앤드컴퍼니, AT커니, 모니터그룹 등 여러 컨설팅 회사의 전직 컨설턴트들이 모인 '외인 구단'이었다. 회사 규모가 점차 커지면서 생기는 경영 이슈와 미래 먹거리에 대한 고민을 내부적으로 해결하고자 꾸린 '별동 부대'였다.

그때 나는 3년차였고 서른 살이었다. 더 이상 신입이 아니었다. 맡은 업무를 책임지고 성과를 내기 시작해야 하는 위치였고 위로는 상사를 모시고 아래로는 후배를 이끌어야 하는 때였다.

인생에서도 신입이 아니었다. 결혼과 유학을 앞두고 고민이 깊었다. 하루하루 내가 선택하고 책임져야 하는 것들이 쌓여가고 있었다.

산타를 믿다가, 믿지 않다가 결국 산타가 되는 것이 인생

어느 날 저녁 A 부장과 단둘이 저녁을 하게 되었다. 같은 대학 출신으로 조금 더 끈끈한 유대감을 갖고 있던 분이었고, 직장 상사로서뿐만 아니라 인생 선배로서 뼈가 되고 살이 되는 조언을 많이 해주던 분이었다.

"부장님, 요새 저 고민이 많습니다. 회사에서의 성공과 인정, 유학에 대한 고민, 결혼 계획… 고민거리가 한두 가지가 아니네요. 제가 지금 잘 해내고 있는 것인지, 더 잘 해내려면 어떻게 해야 할지 답이 서지 않아요."

분위기가 무거워지지 않게 조심스레 조언을 구했다. 그러면 무언가 훌륭한 길잡이를 제시해줄 것만 같은 기대를 품고.

항상 밝아 보이기만 했던 내가 심각한 고민을 던지자, A 부장은 한참 동안 생각에 잠겼다. 그리고 드디어 무거운 입을 열었다.

"사실 인생이 별거 아니야. 누군가 그랬지. 산타클로스를 믿

다가, 믿지 않다가, 결국에는 본인이 산타 할아버지가 되는 것이 바로 인생이라고. 무슨 말이냐고? 지지고 볶고 해봤자 인생 다 비슷하다 이거지.

　근데 말이야… 산타를 믿기만 해서는 결코 산타가 될 수 없어. 산타를 의심하고 연구하는 과정이 수반되어야 본인이 산타가 되는 위대한 경험을 하는 거야.

　인생은 결국 산타를 의심하는 과정을 얼마나 치열하게 겪었는지에 따라 결판이 나. 무언가를 의심한다는 것은 깨어 있는 이성으로 세상을 살아간다는 것이고, 본인의 생각을 끊임없이 다듬으면서 나아간다는 거야.

　나는 말이지, 너에게 매일 자기 전 일기 쓰기를 추천한다. 매일매일 살아가며 느끼고 경험하는 것을 의심하고 정리해봐. 1년이 지나고, 2년이 지나면 점점 산타에 가까워지지 않을까?"

　그는 서른이 넘은 나에게 다시 매일 밤 일기 쓰기를 권하고 있었다. 그리고 침대 머리맡에 손에 잡히기 쉬운 사이즈의 일기장을 놓으라고 조언했다.

지금 달라지지 않으면 살던 대로 살게 된다

초등학생마냥 다시 일기를 써보라는 A 부장의 조언을 들었던 그때, 나는 내가 인생의 분기점에 서 있음을 깨달았다.

공부를 마치고 취업을 한 이후에는 주어진 일을 하며 내 인생이 정해진 대로 흘러갈 것이라 예상했다. 하지만 3년차에 회사를 옮기게 되고, 유학과 결혼 등 새로이 선택해야 하는 문제들이 생겼다. 무엇보다 회사에서 어떻게 인정받고 성공할 수 있을지에 대해서도 다시 고민해야 했다. 취업하고 회사에서 시키는 대로 일하면 되는 줄 알았는데, 시간이 흐르고 경력자가 되어도 여전히 내가 잘하고 있는지 알 수가 없었다. 오히려 더 어려워져만

가는 듯했다.

지금, 달라져야 한다는 생각이 드는 바로 지금 행동에 옮기지 않으면 나도 뻔한 인생을 살게 되겠구나. 지금 달라지지 않으면 나의 커리어와 인생을 업그레이드할 수 없겠구나.

이러한 자각이 들었을 때 변화의 시점에 선 내가 점검해야 할 것들이 무엇인지 고민하게 되었다.

그렇게 고민하고 새로운 회사에 적응하는 과정에서 나는 일을 '열심히' 하는 데 그치지 않고 '잘'하려면 지금까지와는 조금 다른 방식으로 업무에 접근해야 한다는 걸 깨달았다. 그리고 그 경험을 바탕으로 한 단계 도약하고자 하는 직장인들을 위한 40가지 법칙을 정리할 수 있었다. 그 법칙들은 크게 두 부류로 나눌 수 있다.

첫 번째는 '무조건 열심히'가 아닌 '잘'하기 위한 법칙들이다.

기꺼이 싸움닭이 돼라, 멍청한 질문을 하자, 적극적으로 딴지를 걸자 등 '프로일잘러'만이 갖고 있는 대범하면서도 세세한 업무 스킬들을 소개한다.

두 번째는 기본을 점검하기 위한 법칙들이다. 다시 일기장을 펼치자, 운동을 하고 구두를 닦자 등 간과하기 쉬운 기본 태도에 대해 다시 생각해본다.

컨설턴트와 전략기획자로 일하며 경력자로서 업무 스킬을 완성하기 위해 스스로 찾았던 법칙들을 함께 나누게 되어 기쁘다. 이 법칙들은 국제경영대학원에서 학생들을 가르치고 있는 지금까지도 든든한 내공이 되어주고 있다. 나를 지탱해준 이 법칙들이 변화를 꿈꾸는 당신에게도 큰 힘이 되기를 소망한다.

차
례

프롤로그 나는 어떻게 일하고 있는가? _004

1부__작은 차이가 일천재를 만든다

법칙 1 체면은 버리고 싸움닭이 되어야 할 때다 _017
법칙 2 양으로도 승부하라! 현실에서는 항상 호날두가 메시를 이긴다

  _023
법칙 3 딴지 걸기의 위력을 맛봐라 _029
법칙 4 기획력과 실행력, 이제는 둘 다 잡아야 한다 _035
법칙 5 거절당하는 수치심을 넘어설 때가 되었다 _039
법칙 6 회의 시간에 말하지 않는 것은 결석한 것과 마찬가지 _044
법칙 7 실패도 프로처럼 하라 _048
법칙 8 맥락을 장악하고 스토리를 만들어라 _054
법칙 9 간결함에 더욱 집착하라 _063
법칙 10 메시지를 시각화하라 _068

법칙 11 소수도 놓치지 마라 _075

법칙 12 구조화하여 보여줘라 _083

법칙 13 멍청한 질문을 고집스럽게 던져라 _092

법칙 14 혁신과 창의를 이끄는 세 가지를 기억하라 _101

법칙 15 근본을 짚어라! 그래서 뭐? 도대체 왜? 그런데 어떻게? _110

법칙 16 리더가 되고 싶다면 먼저 훌륭한 팔로어가 돼라 _117

법칙 17 아래를 향한 리더십을 갖춰라 _123

법칙 18 작은 성공으로 스스로를 격려하라 _130

법칙 19 경력자도 모를 수 있다, 인정하라 _137

법칙 20 여전히 롤모델은 필요하다 _142

2부__ 다시 기본을 갈고 닦아야 할 때

법칙 **21** 3×3×3 신문 읽기   _152

법칙 **22** 다시 일기장을 펴라   _156

법칙 **23** 메모를 귀찮게 생각하지 마라   _161

법칙 **24** 메일 하나도 제대로 써라   _168

법칙 **25** 약속 시간 15분 전에 도착하라   _177

법칙 **26** 자신에게 맞는 시계추를 찾아라   _186

법칙 **27** 연습, 아무리 해도 지나치지 않다   _193

법칙 **28** 그래서 하고 싶은 말이 뭔데? 결론부터 말하라   _197

법칙 **29** 구두부터 닦아라   _205

법칙 **30** 나만의 의식으로 아침을 시작하라   _209

법칙 31 관리하자, 뚱뚱한 일류는 없다 _217

법칙 32 번아웃을 예방하라 _222

법칙 33 주저 없이 멍 때려라 _228

법칙 34 아낌없는 칭찬, 사과, 감사의 힘 _234

법칙 35 작은 인연일수록 더욱 소중히 하라 _245

법칙 36 눈을 마주쳐라 _250

법칙 37 목소리는 제2의 얼굴 _256

법칙 38 언제는 하고 싶은 일을 하라 _261

법칙 39 퇴사가 아닌 졸업을 준비하라 _268

법칙 40 늦은 때란 없다 _274

참고자료 _280

1부___ 작은 차이가 일천재를 만든다

법칙 1

체면은 버리고
싸움닭이 되어야 할 때다

BCG 입사 후 세 번째 프로젝트를 마치고 P 파트너로부터 받았던 피드백이 아직도 생생히 기억난다.

"정병익 컨설턴트는 커뮤니케이션 스킬, 문제 해결 역량 등 장점이 매우 많아요. 연차에 맞게 성장하고 있는 것 같습니다. 하지만 한 가지 아쉬운 점은 싸움닭 정신이 조금 부족한 것 같아요."

싸움닭 정신? 조금 더 구체적인 설명을 부탁드렸다.

"영어로 표현하자면 '엑스트라 원 마일(Going extra one mile)' 정신이 필요한 것 같아요. 남들이 모두 할 수 있는 수준에 머무르면 안 돼요. 남들과 차별화된 본인만의 색깔을 내기 위해서는 한 걸음 더 나아가려는 부단한 노력과 치열한 고민이 필요합니다."

그 후 여러 직장에서 다양한 프로젝트와 업무를 진행하면서 나는 숨이 턱 밑까지 차오르고 포기하고 싶은 생각이 물밀 듯하는 순간을 여러 번 경험했다. 그럴 때면 습관적으로 시곗바늘을 되감아 P 파트너가 일러준 싸움닭 정신을 주문처럼 되뇌었다. 심호흡과 함께하는 짧은 추억 여행은 다시 달릴 수 있게끔 나를 단단히 지지해주었다.

싸움닭 정신＝ '엑스트라 원 마일' 정신

싸움닭 정신은 앤절라 더크워스가 소개한 '그릿(GRIT)'과 일치한다. 그릿이란 성장, 회복력, 내재적 동기, 끈기의 영문 머리글자를 따서 만든 단어로 성공에 결정적인 영향을 미치는 투지를 나타낸다.

앤절라는 본래 맥킨지에서 컨설턴트로 일했다. 그러나 컨설턴트보다는 교사가 자신의 천직임을 깨닫고 고액 연봉의 일자리를 박차고 나와 박봉의 공립학교 선생님이 되어 아이들에게 수학을 가르친다. 그곳에서 그녀는 소위 머리 좋은 학생들 중 일부가 예상 외로 그저 그런 성적을 거두고, 높은 학업 성적을 보이는 학생 중 많은 수가 사회 통념상 '머리 나쁜' 아이들이라는 점을 발견했다.

그녀는 그 경험을 바탕으로 '성공 여부를 결정하는 데에는 재능이나 성적보다 더 중요한 무언가가 작용한다'는 가설을 세운다. 그 '무언가'를 알아내기 위해 심리학 연구를 시작한 저자는 미국 육군사관학교 신입생 훈련에서 누가 끝까지 살아남는지, 문제아들만 있는 학교에 배정된 초임 교사들 중 누가 그만두지 않고 아이들을 가르치는지, 거절당하는 일이 일상인 영업직에서 어떤 영업사원이 중도에 포기하지 않고 좋은 판매 실적을 내는지를 연구했다. 그리고 그 모든 성공의 한가운데에 '그릿'이 있음을 밝혀냈다.

IQ보다는 그릿: 끈기와 열정에 주목하라!

그릿은 포기하지 않고 노력하는 힘이며, 역경

과 실패 앞에서 좌절하지 않고 끈질기게 견딜 수 있는 '마음의 근력'을 의미한다. 요컨대 분야에 상관없이 대단히 성공한 사람들은 굳건한 결의를 지니고 있었고, 이는 두 가지 특성으로 나타났다. 첫째, 그들은 대단히 회복력이 강하고 근면했다. 둘째, 자신이 원하는 바가 무엇인지 매우 깊이 이해하고 있었다. 그들은 결단력이 있을 뿐 아니라 나아갈 방향도 알고 있었다. 성공한 사람들이 가진 특별한 점은 열정과 결합된 끈기였다.

1940년, 하버드대학교 연구자들도 같은 생각을 했다. 그들은 하버드대학교 2학년 130명에게 최대 5분 동안 러닝머신에서 뛰라고 요청했다. 러닝머신의 경사를 높이고 속도를 최대로 설정해둔 탓에 학생들은 평균 4분밖에 버틸 수 없었다. 연구자들은 학생들의 기본 체력보다 힘들게 러닝머신을 설정함으로써 '지구력과 의지력'을 측정해냈다.

그로부터 수십 년이 지난 후 연구자들은 러닝머신 실험에 참가했던 이들을 추적 조사했다. 연구자들은 각 피실험자의 수입, 승진, 사회 활동, 직장과 가정에 대한 만족도, 정신과 치료 경력 등까지 파악했다. 이러한 모든 정보를 종합한 결과, 당시 러닝머신에서 버틴 시간은 수십 년 뒤 각 개인의 성공과 인생 만족도에 상당히 높은 상관관계를 갖고 있음이 밝혀졌다. 즉, 젊은 시절 러닝머신에서 한 걸음이라도 더 내딛으려 노력했던 그 열정과 끈기가 평생의 성공을 좌우하는 마음의 근력으로 작용한 것이다.

그렇다면 싸움닭 정신 혹은 그릿을 어떻게 키울 수 있을까? 앤절라는 다음과 같은 방법을 제시했다.

"관심사를 분명히 하라. 질적으로 다른 연습을 하라. 높은 목적의식을 가져라. 그리고 희망을 품어라."

좀 더 풀어서 설명하자면, 우선 본인의 관심사와 업무의 목적을 최대한 가깝게 일치시켜야 한다. 둘 사이가 멀어질수록 싸움닭 정신은 떨어질 것이며 둘 사이가 가까울수록 기필코 끝까지 완수하려는 인내의 근육이 더욱 꿈틀거릴 것이다.

둘째, 남들과 동일한 방식의 연습은 큰 효과가 없다. 남들이 하는 이상의 노력을 기울여서 연습해야 한다.

셋째, 높은 목적의식을 가져야 한다. 싸움닭 정신을 갖춰서 쟁취하고자 하는 것이 무엇인가? '상위권 대학에 진학하기 위해서 혹은 억대 연봉을 받기 위해서'와 같은 것들이 궁극적인 목적이 될

수는 없다. 한 단계 더 높은 수준의 목적의식을 고민해보자. 그래야 그릿이 생겨난다.

마지막으로 희망을 놓지 마라. 지금 현재 아무리 힘들더라도 장밋빛 미래를 향한 희망이 있어야 버틸 수 있지 않을까. 13세기의 페르시아 시인이자 법학자, 신학자였던 루미 역시 같은 생각을 갖고 있었다.

"당신이 힘든 시간을 지날 때, 모든 것이 당신에게 반대하는 것처럼 보일 때, 당신이 단 1분도 더 참을 수 없다고 느낄 때, 결코 포기하지 마라! 왜냐하면 그 순간이 바로 그 경로가 바뀔 시간과 장소이기 때문이다."

양으로도 승부하라!
현실에서는 항상 호날두가 메시를 이긴다

BCG에는 케이스 팀 미팅이라는 독특한 회의 문화가 있다. 프로젝트별 진척 상황을 파트너와 공유하고 논의하는 자리로, 각 영역별 담당 컨설턴트들이 회의 자료를 작성한다. 특히 프로젝트 초기에는 완성본의 슬라이드보다는 막덱(Mock Deck)이라고 불리는 스케치 상태의 슬라이드를 갖고 미팅을 진행하는 것이 일반적이다.

국내 한 중견 회사의 해외 진출 전략 수립 프로젝트에서 컨설턴트 J를 만났다. 컨설턴트 치고 말솜씨가 조금 어눌하고 행동도 느릿느릿했지만 막덱을 생산해내는 속도만큼은 타의 추종을 불허했다.

예를 들어 월요일 케이스 팀 미팅에서 그가 열 장의 막덱을 만들어 와서 미팅을 했다면 파트너의 피드백을 받은 후 화요일 케이스 팀 미팅에서는 수정한 막덱 열 장과 새로운 막덱 열 장을 가져오는 식이었다. 다른 컨설턴트들은 서너 장을 간신히 그리는 데 그쳤던 것에 비하면 엄청난 '다작왕'이었다.

그의 성과가 어땠을 것 같은가? 질보다 양으로 승부하는 것 같아서 성과도 저조했을 것 같은가? 천만의 말씀이다. 그는 몇 년간 최고의 컨설턴트로 손꼽히며 특진을 거듭하는 등 승승장구했다. 특히 그의 슬라이드는 가장 창의적이고 혁신적이라는 평가를 받았다.

현 시대의 축구를 지배하는 두 명의 스타 리오넬 메시와 크리스티아누 호날두를 비교해보자. 축구 선수 개인의 최대 영광이라고 할 수 있는 발롱도르를 2008년부터 2017년까지 10년간 번갈아가면서 수상한 것만 보더라도 두 선수는 그야말로 용호상박이다.

하지만 두 선수는 스타일이 너무나도 달라 평가가 엇갈린다. 리오넬 메시가 적은 활동량으로 본인의 에너지를 선택한 데 집중하는 스타일이라면 호날두는 폭발적 활동량을 바탕으로 무차별적인 공격을 퍼붓는다. 따라서 호날두의 팬들은 메시가 경기장에서

산책하듯이 거닌다고 비판하고, 메시의 팬들은 호날두가 슈팅을 남발한다고 해서 '호난사'라고 비아냥거린다.

만약 두 선수가 같은 회사에서 회사원으로 근무한다면 이들의 운명은 어떻게 될까? 호날두가 백전백승할 것이다. 특히 창의성과 혁신을 그 평가 잣대로 한다면 호날두의 압승이 예상된다.

혁신가들은 '스나이퍼'가 아니라 '람보형 인재'

사람들은 흔히 창의성이 뛰어난 혁신가들을 총을 난사하는 '람보'보다 '원 샷 원 킬'하는 '스나이퍼'로 생각하는 경향이 있다. 뛰어난 사람은 항상 정답만 내놓는다는 이미지가 강하기 때문일 것이다. 하지만 사실 전혀 그렇지 않다.

와튼스쿨의 애덤 그랜트 교수는 저서 《오리지널스》에서 우리가 생각하는 창의적인 사람들이 실제로는 스나이퍼가 아니라 람보에 가깝다는 점을 증명했다.

당신이 기억하는 셰익스피어의 작품은 어떤 것들이 있는가? 셰익스피어 작품 중 최근까지 대중에게 사랑받는 작품은 《맥베스》,

《리어왕》,《오셀로》등 많아야 열 편 이내다. 그리고 실제 많은 사람이 셰익스피어가 평생 열 편 내외의 대작만을 썼다고 여긴다. 하지만 그가 20년에 걸쳐 쓴 희곡만 37편, 소네트는 154편에 이른다. 《아테네의 티몬》,《끝이 좋으면 다 좋다》같은 것들은 셰익스피어 작품인데도 불구하고 수준 미달이라는 비판을 받았다. 그의 작품 중에는 대작보다 평범하거나 작품성이 떨어지는 것이 더 많았다.

클래식도 마찬가지다. 런던 교향악단이 선정한 세계 50대 클래식에 모차르트의 작품은 다섯 곡, 베토벤의 작품은 네 곡, 바흐의 작품은 세 곡이 올랐다. 좀 더 기대치를 낮춰서 대중들에게 사랑받는 곡을 꼽자면 각각 15곡 내외가 될 것이다. 음악계 최고의 천재라고 할 수 있는 이들은 얼마나 많은 곡을 작곡했을까? 모차르트는 35세에 세상을 떠났음에도 불구하고, 작곡한 작품이 600여 곡에 이른다. 베토벤은 650곡 이상 작곡했으며, 심지어 바흐의 작품은 1,000곡에 이른다.

피카소는 드로잉 1만 2,000점, 도자기 2,800점, 유화 1,800점, 조각 1,200점을 남겼지만, 찬사를 받은 작품은 극소수에 불과하다. 에디슨 역시 1,098개의 특허를 받았지만 진정 탁월한 발명품은 손에 꼽을 정도다.

아인슈타인은 좀 달라 보일 수 있다. 그는 1905년에만 다섯 개의 논문을 발표했는데 그중 네 개가 물리학계의 패러다임을 완전히 뒤흔든 대작이었다. 그리고 당시 그는 26세에 불과했다. 이 젊은 과학자의 미래가 뻔히 보이지 않는가? 아마 논문 하나하나를 발표할 때마다 파장이 엄청났을 것이라고 생각할 수 있다. 하지만 그렇지 않았다. 물론 이후 일반상대성이론과 후대에 재평가된 우주상수가 등장하기는 했지만, 그가 남긴 248개의 논문 대부분이 과학계에 별 영향을 미치지 못했다.

그렇다면 현실 속 '호난사'가 되기 위해서는 어떻게 해야 할까? 우선 목표를 높게 잡아야 한다. 예를 들어 대학생이라면 수업 시간에 학생들이 평균 1회 발표할 경우, 자신의 목표 발표 횟수는 2~3회가 되어야 한다. 직장인이라면 주간 업무 보고에서 요구하는 미팅 자료가 한 장일 경우 한 장을 메시지 중심으로 간략히 작성하되 덧붙일 내용은 첨부로 작성하라. 사람들이 기대하는 이상의 양적 목표를 정하고 실행하는 것이 본 단계의 핵심이다.

둘째, '나작'하는 것에 대한 불편함을 제거해야 한다. 사람들은 본능적으로 질보다 양으로 승부하는 것을 불편해한다. 이러한 불편함을 제거하기 위해서는 의도적으로 '다다익선'이라는 주문을 되뇌며 마음속에 새겨야 한다. 하지만 명심해야 할 것은 '난사' 그 자체가 목적이 아니라 난사를 통해 깨달음을 얻고 앞으로 나아가야 한다는 점이다.

다다익선의
주문을 걸어라

창의적인 생각을 잘하지 못하는 사람들은 일단 내는 아이디어의 수가 적을 뿐만 아니라, 새로운 아이디어를 내려고 하기보다는 기존에 냈던 아이디어에 집착해 그 아이디어가 완벽해질 때까지 수정을 반복하는 경향이 있다. 반면 창의적인 사람은 일단 아이디어를 많이 낸다. 다작이 혁신을 이끄는 이유는 어떤 아이디어가 혁신적일지 예측할 수 없기 때문이다. 그래서 많은 아이디어를 내는 것이 해답이 된다. 아이디어의 질은 아이디어의 양으로 측정된다는 점을 명심하자.

법칙 3

딴지 걸기의
위력을 맛봐라

고객사를 위해 4주간 신사업 도출 워크숍 준비를 할 때였다. 당시 팀장은 미국에서 오랫동안 교육을 받고 온 사람이라 다른 팀장들과 사뭇 달랐다. 가장 인상 깊었던 것은 회의 때마다 지정해서 운영한 '딴지의 악마'다.

악마로 임명된 사람은 하늘에 나는 새도 떨어뜨릴 만한 무소불위의 권력을 행사할 수 있었다. 회의 시간에 의도적인 방해 공작과 무작위 비판을 할 수 있었고, 때로는 그 비판이 건설적이지 않더라도 용서받았다. 신사업 도출이라는 과제가 기존에 갖고 있던 고정관념에서 벗어난 신선하고 창의적인 아이디어를 요구하다 보니 뜨

뜻미지근한 의견은 필요 없었다. 이 악마의 말도 안 되는 무차별적 비판을 이겨낸 아이디어만이 고객사의 워크숍 자료에 실리는 영광을 누렸다.

'딴지의 악마'는 사실 데블스 애드버킷(devil's advocate)에서 그 컨셉을 차용한 것이다. 데블스 애드버킷은 의도적으로 반대 입장을 취하면서 선의의 비판자 역할을 하는 사람으로 '악마의 변호인'이라고도 한다. 가톨릭 성인 추대 심사에서 추천 후보의 불가 이유를 집요하게 주장하는 역할을 맡는 사람을 '악마'라고 부른 데서 유래된 개념이다. 이들은 모두가 찬성할 때 반대 의견을 제시하면서 토론을 활성화시키거나 또 다른 대안이 있는지 모색하도록 하는 역할을 담당한다.

레드 팀을 구성하라

최근 구글이나 아마존 같은 초일류 기업과 글로벌 CEO들이 스마트한 혁신을 위해 가장 주목하고 있는 키워드는 바로 '레드 팀(Red Team)'이다. 레드 팀은 미 육군에서 아군인 블루 팀(Blue Team)의 승리를 돕기 위해 운용했던 가상의 적군이다. 레드 팀은 블루 팀이 생각하지 못한 약점과 허점을 철저히 파고듦으로써 블루 팀의 전략을 더 탁월하고 완벽하게 만드는 역할을 수행한다.

이런 레드 팀의 역할을 글로벌 기업과 CEO들이 주목하는 이유는 하나다. 현재의 성과와 성공에 도취해 장밋빛 전망을 갖는 것을 경계하기 위해서다. 한 명이든 수십 명이든 수백 명이든, 현실을 가장 객관적이고 냉철하게 검토할 수 있는 사람들이 레드 팀의 일원이 되어야 한다. 조직과 CEO에게 쓴소리, 직언, 비판적 시각을 자유롭게 개진할 수 있어야 한다. 100명 중 99명이 찬성하는 일에 망설임 없이 반대할 수 있는 한 명이 레드 팀에 존재해야 한다.

고정관념, 관성, 타성, 편견 등에 과감히 딴지를 거는 비판적 사고는 대단히 중요하다. 이러한 비판적 사고방식의 역사는 데카르트의 사상에서 그 출발점을 찾을 수 있다. 전 서울대학교 경영대학 교수이자 한양대학교 석좌교수인 윤석철 교수는 저서《삶의 정도》에서 데카르트의 철학을 아래와 같이 소개한다.

"나는 생각한다. 고로 나는 존재한다"는 데카르트의 말은 당시의 시대적 배경 위에서 이해해야 한다. 당시 유럽의 교회들은 종교적 비리(예: 면죄부 판매)를 저지르면서 시민들에게 무조건적 수용을 요구하고 있었고, 이런 폐단으로 인하여 종교개혁운동(1517~1648)까지 일어났다.

이런 시대적 배경에서 '생각하는 인간'(예: 면죄부를 구입하면 죄가 지워질까?)이 되기를 주장한 것이 데카르트의 철학이다. 교부들의 가르침이라도 무조건 수용하지 말고 생각하라는 의미이다. 자신의 생각과 행동 등에 관해서도 '더 이상 의심의 여지가 없을 때까지' 생각함으로써 참된 삶에 이를 수 있다는 것이 데카르트의 가르침이다.

고정관념은 왜 생기는가

고정관념에 도전장을 던지기 위해서는 과연 고정관념이 왜 생기는지 그 이유를 잘 이해해야 한다. 호랑이를 잡으려면 호랑이 굴에 들어가야 하듯이 말이다.

사람들의 고정관념은 자신들이 합리적이고 똑똑한 주체라는 믿음에서 출발한다. 마치 오래전 애덤 스미스가 인간을 합리적 경제주체로 가정한 것처럼 말이다. 하지만 이러한 합리적 선택 이론에 반기를 든 학자들이 1970년대에 등장했다. 바로 행동경제학자들이다. 이들 중 특히 대니얼 카너먼과 아모스 트버스키 박사는 수차례의 실험으로 '인간이 실제로는 예측 가능한 비합리적 존재'라는 것을 보여주었다. 그들은 인간의 두뇌가 절차를 무시하고 지름길을 택하는 사례를 여럿 발견했다.

그들은 인간의 모든 행동과 생활의 근원인 생각을 크게 두 가지로 구분해 설명한다. 직관을 뜻하는 '빠르게 생각하기'와 이성을 뜻하는 '느리게 생각하기'다. 달려드는 자동차를 피하는 동물적 감각의 순발력, 2+2의 정답이나 프랑스의 수도를 떠올리는 것처럼 완전히 자동적인 개념과 기억의 정신 활동이 '빠르게 생각하기'다. 반면 전문가가 해결책을 모색할 때나 354×687의 정답을 알아낼 때처럼 문제의 답을 심사숙고하는 사고방식이 '느리게 생각하기'다.

한편 그들은 우리의 뇌가 게으르기 때문에 '느리게 생각하기'를 가동하기 전에 자주 '빠르게 생각하기'(맬컴 글래드웰은 '블링크'라 불렀고, 제임스 크리민스는 '우리 안의 도마뱀'이라 칭했다)에 의존해서 대답한다고 지적했다. 대니얼 카너먼은 '빠르게 생각하기'를 '성급한 결론으로 비약하는 기계'로 묘사하기도 했다. 이러한 '빠르게 생각하기', 즉 직관이라 일컬어지는 것들은 뜯어보면 고정관념과 편견일 가능성이 크다. 하버드대학교 교수 윌리엄 제임스는 다음과 같이 이야기했다.

"편견에 새로운 편견을 더하면서 자신은 정말 진지하게 생각하고 있다고 믿는 사람들이 의외로 많다."

그렇다면 어떻게 해야 성급한 결론으로 비약하는 것을 피하고, 비판적인 사고를 할 수 있을까? 회의실에 모인 모든 사람들이 반사적으로 고개를 끄덕이며 맹목적으로 동의하는 절대 진리와 같은 주장이 있는가? 바로 그 순간이 '딴지의 악마'가 활동해야 하는 순간이다.

모든 사람들이 당연하게 생각하는 것을 정반대로 생각해보자. 예를 들어 누군가가 몇 가지 사례를 기반으로 일반화한다면 그에 해당하지 않는 사례를 생각해보거나, 정해진 변수라고 여겨지는 것을 불안정한 변수로 치환해볼 수 있다. 혹은 상관관계가 있어 보이는 상황이 독립적인 상황일 수 있다고 반박할 수도 있을 것이다.

법칙 4

기획력과 실행력, 이제는 둘 다 잡아야 한다

BCG를 떠나 LG전자로 이직한 이유는 컨설팅 회사가 '을'의 입장으로서 지닐 수밖에 없는 한계 때문이었다. 컨설턴트는 본질적으로 고객사에게 조언을 해주는 역할을 한다. 그렇다 보니 내가 고안한 전략과 계획이 실제 어떻게 실행되는지 끝까지 지켜보지 못하는 것이 아쉬웠다. 그래서 이직을 감행했다. 보다 긴 호흡으로 내아이디어가 실제 실행되고 성과가 나오는 것을 경험하기 위해서 말이다.

하지만 전략기획팀에 들어간 터라 상품기획팀, R&D팀, 영업마케팅팀 등 실제 제품을 구상하고 개발하며 판매하는 '현업'과의 간

극을 또다시 느끼게 되었다. 현장에서 뛰는 팀에게 전략기획팀은 실행보다는 '말 잔치'를 즐기는 '먹물'들이었다.

이러한 일련의 경험을 통해 깨달은 것은 바로 상대방의 입장과 관점을 배워야 한다는 점이다. 즉, 컨설턴트와 전략기획자는 실행력을 겸비하기 위해서 부단한 노력해야 하며, 실행가들은 기획력을 갖추기 위한 공부를 게을리해서는 안 된다. 결국 핵심은 실행력과 기획력 사이의 균형 감각을 기르는 것이다. 이러한 균형 감각없이는 전체 판을 보는 눈을 기를 수가 없다.

기획자들이 실행력을 배워야 하는 이유

기획자들의 결과물은 비전, 미션, 중장기 전략 과제 등 실제 실행과 거리가 먼, 이상적 수준에 머무는 경향이 있다. 이러한 기획이 실행으로 이어지지 못하면 공허한 '말 잔치'가 될 뿐이다. 따라서 전략가들은 새로운 것을 기획할 때 언제나 실행 가능성을 염두에 두고 '누가, 언제까지, 어떻게' 실행할지를 반드시 고려해야 한다.

고객사와의 워크숍에서 한 파트너의 이야기가 인상적이었다.

"변화를 눈으로 보고 이해하는 것보다 본인의 입으로 이야기하는 것이 더 중요합니다. 입으로 이야기하는 것보다는 머리로 이해하는 것이 더욱 중요하고요. 머리로 이해하는 것이 다가 아닙니다. 마음으로 이해하는 것이 그다음입니다. 하지만 가장 중요한 것은 마음으로 이해한 것을 여러분의 손으로 직접 실천하는 것입니다. 오늘 우리는 이 워크숍을 통해 눈으로 보고 이해하는 것에서 직접 실천하는 단계로까지의 변화 속도를 높이고자 노력할 것입니다."

눈으로 보고 이해하는 단계에서 입으로 이야기하는 단계, 머리로 이해하는 단계, 마음으로 이해하는 단계를 거쳐 직접 실천할 수 있는 단계까지. 이처럼 일이 완성되는 단계는 대단히 다층적이다. 계획을 수립할 때에는 일이 실행되는 마지막 순간까지 모든 단계를 포괄적으로 고려해야 한다.

실행가들이 기획력을
배워야 하는 이유

> "내게 나무를 벨 시간이 여덟 시간 주어진다
> 면 그중 여섯 시간은 도끼를 가는 데 쓰겠다."

에이브러햄 링컨의 말이다. 그렇다. 모든 일을 하기에 앞서 가장 중요한 것은 철저한 준비와 기획이다.

한국인들의 '빨리빨리' 정신은 전 세계적으로 유명하다. 이러한 속도감은 결과 중심적인 사고방식과 결합하여 계획의 중요성을 등한시하고 바로 실행에 착수하는 '번갯불에 콩 볶는' 관행을 가져왔다. 하지만 계획 없는 실행으로 성공한다는 것은 엄청난 행운과 요행에 불과하다. 다음에도 같은 품질의 결과물을 낳으려면 사전에 철저한 준비와 기획이 수반되어야 하며, 실행으로 얻은 시사점과 교훈을 다음 기획에 반영하는 환류 체계를 갖춰야 한다.

실행력과 기획력을 고루 갖춘 양손잡이 인재가 되어야 한다. 한쪽으로 치우친 인재는 반쪽짜리다. 언제나 세상을 바꾸는 성과는 실행력과 기획력 그 가운데쯤에서 얻어진다는 점을 명심하자.

거절당하는 수치심을 넘어설 때가 되었다

대학교 친구 중 독특한 녀석이 있었다. 누군가에게 부탁하는 것에 전혀 거리낌이 없는 '근자감'을 가진 친구였다.

여자 친구를 사귈 때도 마찬가지였다. 마음에 드는 친구를 발견하면 고민도 없이 바로 들이댔다. 십중팔구 거절당하기 일쑤였지만 그는 절대 좌절하지 않았고 다시 새로운 인연을 향해 도전했다.

무모해 보이고 멍청해 보이는가? 곰곰이 따져 보자. 거절당할 경우 몇 초간의 부끄러움이 전부지만 성공했을 경우의 열매는 실로 엄청나다. 투자한 것 역시 몇 초의 시간뿐이니 엄청난 투자자본 수익률을 갖는 대박 투자 아닌가?

돌다리 두드리다
돌다리 무너진다

사실 한국 사람들은 거절당하는 데에 따른 부끄러움에 민감하다. 체면을 중시하는 사회적 관념으로 인해 거절당하는 것을 실패와 동일시하고 거절당하지 않기 위해 조심 또 조심하는 문화에 익숙하기 때문이다.

'돌다리도 두들겨보고 건너라'라고 배운 한국인들은 누군가에게 부탁할 때도 '누울 자리를 보고 다리를 뻗는' 극도의 신중함과 사려 깊음을 보인다. 그리고 거절을 당하면 본인이 신중치 못했음을 책망하고 다음번 부탁에는 더욱 신중에 신중을 기하게 된다. 어떠한가? 부탁하기 참 어려운 구조이지 않은가?

거절당하기에 대한 부담은 비단 한국인만의 이슈는 아닌 듯하다. 미국에 살던 지아 장이라는 중국인이 거절당하기에 대한 내성을 효과적으로 키우기 위해서 진행했던 흥미로운 프로젝트를 살펴보자.

지아 장은 중국에서 태어난 후, 10대 때 미국으로 건너가 우수한 성적으로 대학을 졸업하고 안정적인 회사 생활을 하고 있었다. 그러던 중 그는 어릴 적부터 꿈꿔왔던 창업가가 되기 위해 앱 개발 회사를 설립하였다. 몇 달 동안 새로운 제품을 만들기 위해 많은 돈과 시간을 투자했고 투자를 받기 위해 제안서를 제출했다. 준비는 완벽했고, 분명 좋은 투자처가 나타날 것이라 생각했다. 하지만 장의 제안서에 대한 투자자의 답변은 "아니요!"였다.

세상에서 거절당하는 것이 가장 두려웠던 장은 어떻게 하면 거절을 당했을 때 당황하지 않고 의연하게 견뎌낼 수 있을까를 고민하기 시작했다. 그는 '100번 거절당하기 프로젝트'를 시작해보기로 결심했다.

장은 이 프로젝트를 통해서 거절의 새로운 모습을 보게 되었다. 한 번은 전혀 알지도 못하는 집의 초인종을 눌러 마당에 꽃을 심어도 되겠냐고 물었다. 상대가 대답하기 전에 "제가 이상해 보이죠?"라며 자신이 황당한 제안을 하고 있다고 먼저 인정했다. 그랬더니 집주인은 자기보다는 꽃을 좋아하는 근처 다른 집을 소개해주었다. 또 한 번은 뉴욕의 관광명소에서 지나가는 사람들에게 함께 사진을 찍고 싶다고 했다. 그런데 그들 중 처음에는 주저하다가 부탁을 들어준 사람들이 있었다. 그가 왜 함께 사진을 찍고 싶은지를 설명했기 때문이다.

이렇듯 거절당한 후에도 차분히 제안한 이유를 설명하면 상대의 행동을 이해하게 되고, 가끔은 거절이 승낙이 되어 더 나은 제안으로까지 이어질 수도 있다.

사실 우리는 상대방의 거절 자체를 두려워하는 것이 아니라, 자신이 겪게 될 실망감 때문에 거절을 두려워한다. 하지만 거절을 당했더라도 상대방의 의심을 인정하고 풀어주면 상대와 자신 모두가 편안해지고 신뢰가 두터워진다. 이때 가장 중요한 것은 상대를 설득하기 위한 끈기이다.

유명한 온라인 마케터 노아 케이건은 다음과 같이 거절의 중요성을 강조했다.

"무엇을 주문하든 10퍼센트를 깎아 달라고 부탁한다. 바보 같은 짓으로 보일 수도 있겠지만 이 일은 너무나도 중요하다. 사업이든 인생이든 기어코 성공하고 싶다면, 당신은 사람들에게 늘 뭔가를 부탁해야만 하고 늘 무리한 일을 시도하며 살아야 한다."

오늘도 거절당할 일이 생길지 모른다. 그럴 때마다 실망하고 좌절할 것인가. 두려움 때문에 얼굴이 빨개지고 바보처럼 더듬거리면서 상황을 피하려고만 급급해할 것인가.

거절을 당했다면 피하지 말고 상대를 설득하여 승낙을 받아내
보자. 이렇듯 모든 일은 포기하지 않고 끝까지 해내는 힘이 뒷받침
되어야 새로운 기회로 이어진다는 사실을 명심하자.

거절을 당해봐야 설득할 용기를 얻게 되는 것이다.

회의 시간에 말하지 않는 것은
결석한 것과 마찬가지

어느 회사나 회의가 많다. BCG에서는 하루에 한 번 이상 미팅을 했다. 그중 가장 중요한 것은 전체 팀이 모여 진행하는 케이스 팀 미팅이다.

케이스 팀 미팅은 총괄 파트너가 참석하고 각 미팅별 주요 어젠다에 맞춰 편안한 형식으로 난상 토론을 하는 경우가 많다. 모든 이에게 자유롭게 발언권이 부여되지만, 프로젝트 전체 발전에 큰 도움이 되지 않는 발언, 즉 가치가 떨어지는 발언은 가차 없이 난도질을 당하곤 한다.

발언권에 대한 문턱은 낮으나 발언의 품질에 따른 후폭풍은 엄청나다. 따라서 주니어 컨설턴트들은 무언가 유의미한 발언을 하기 위해 전전긍긍하며 쉽게 입을 열지 못했다.

'내가 말하는 것이 너무나 뻔한 이야기는 아닐까?'

'내가 말하는 것이 너무 유치한 생각은 아닐까? 무식함, 밑천 없음이 드러나면 어쩌지?'

'주제와 다른 이야기는 아닐까?'

갈등에 갈등을 거듭하는 와중에 누군가가 나와 같은 생각을 먼저 말해버리는 경우도 비일비재하며, 내가 말하려는 찰나에 대화 주제가 아예 다른 영역으로 넘어가는 경우도 있다.

나도 마찬가지였다. 실수할까봐 노심초사하고, 안타가 아니라 홈런을 치고 싶은 마음에 기다리고 기다리다가 타순이 돌아오지 않고 공수 교대가 되는 경우도 많았다. 벙어리 냉가슴으로 케이스 팀 미팅을 한 번, 두 번, 세 번 지나다 보니 다가오는 다음 미팅이 여간 큰 스트레스가 아닐 수 없었다.

발언권을 얻을 수 있는
세 가지 비법

이런 나의 고민을 눈치챈 K 선배는 다음과 같은 조언을 해줬다.

"모든 미팅에는 보이스 셰어(Voice Share)라는 것이 있어. 세 명이 미팅을 하면 각자 33퍼센트씩 발언을 하는 것이 이상적이라는 거지. 물론 미팅의 성격과 참가자들의 '짬밥' 차이를 고려할 때 33퍼센트를 맞추는 것은 어려울 수 있어. 하지만 적어도 매 미팅마다 세 번의 발언은 해야 해. 발언을 하지 않는다면 미팅에 결석한 것과 다름없어.

주니어 시절에는 어려울 수 있어. 세 가지 방법을 이용해보면 어떨까? 먼저 자기가 맡은 분야에서 질문을 두세 개 준비해봐. 발언권을 얻는 가장 쉬운 방법은 질문을 하는 거야. 하지만 오랜 고민 끝에 도출된 질문과 1차원적 질문은 분명 다르게 들릴 거야. 혼자서 자문자답하면서 정말로 의미 있는, 품질 높은 질문을 도출해봐.

둘째, 다른 사람의 의견에 동의해봐. 그리고 자신의 의견을 첨언하는 거지. 동의를 하면서 문장을 받는 것은 어쩌면 가장 수월한 방법일 수 있어. 더 나아가 컨설턴트들도 감정을 가진 사람이기 때문에 자신의 주장을 지지해주면 다음에 반대로 도움을 줄 확률이 커. 미팅에서 아군을 만드는 건 매우 중요해.

마지막으로, 가장 먼저 발언을 하도록 노력해봐. 소위 '선빵'을 날리는 건데 주니어들에게는 가장 효과적이야. 다른 사람들이 말을 꺼내기 시작하면 그 사이에 주니어가 끼어들긴 사실 힘들거든. 왜냐하면 대화가 오고갈수록 사고의 깊이가 고도화되기 때문이지. 대화 속도가 높아지기 전에 먼저 치고 빠지는 게 좋은 전략일 수 있어."

위의 세 가지 방법에 따라 미팅에서 자신의 목소리를 내보자. 처음부터 홈런을 치려는 부담을 버리고 번트라도 대서 출루하려는 노력을 기울여야 한다. 언제나 새로운 것을 시도할 때에는 작게 시작하여 성공 가능성을 높이고 이를 통해 자신감을 축적해야 한다. 보이스 셰어 비중을 높이고자 할 때도 마찬가지다. 세상을 향해 옹알이를 시작하는 신생아처럼 의미 없는 말이라도 조심스레 입을 떼어보자. 나른 사람늘이 당신 말에 귀를 기울여줄 것이고 다음 차례가 돌아올 가능성이 점점 커질 것이다. 발언권은 이렇게 획득하는 것이다.

법칙 7

실패도
프로처럼 하라

인시아드에서 창업 관련 수업을 수강하던 시절이었다. 담당 교수는 그룹별로 프로젝트를 내준 후 주기적으로 그룹들과 미팅을 하면서 진행 상황을 체크하고 피드백을 주셨다. 교수와 일주일에 한 번만 만나면 되는 수업이었지만, 학생이 원할 경우 교수와 더 많이 만날 수 있었다. 수업 첫날 교수는 다음과 같이 강조했다.

"저와 만나기로 약속한 날짜에 결과를 가져오는 것은 매우 중요합니다. 저와의 약속이자 여러분의 그룹 프로젝트를 성공적으로 이끌기 위한 기본입니다.

하지만 더 중요한 것은 저를 귀찮게 하는 것입니다. 문은 항상 열려 있습니다. 정기적인 미팅 시간 외에도 궁금한 것이 있거나 도움이 필요하면 언제든 찾아오세요.

물론 저와의 미팅이 편안하지는 않을 것입니다. 친구들과 커피숍에 앉아서 농담 따먹기 하는 그런 시간은 결코 아닐 거예요. 저는 여러분의 논리에 도전장을 던질 것이고, 더욱 많은 것을 요구하고, 때로는 비판할 것입니다. 지금까지 경험하지 못한 실패와 패배감을 겪을 수도 있습니다. 미안하지만 미리 이야기해둬야 할 것 같아요.

한 가지만 강조하고 싶습니다. 실패를 두려워하지 마세요. 저는 성공과 실패에 대해 각각 알맞은 보상을 할 것입니다. 그러나 아무 것도 하지 않는 경우는 처벌할 것입니다."

아무것도 하지 않느니
차라리 실패하라

"나는 실패한 것이 아니다. 안 되는 방법 1만 가지를 찾아냈을 뿐이다."

발명왕 에디슨의 말이다. 그는 자신을 창의적인 천재라고 생각하지 않았다. "천재는 1퍼센트의 영감과 99퍼센트의 노력으로 이루어진다"는 그의 유명한 말이 이러한 생각을 대변한다. 그는 무언가가 의도대로 작동하는 걸 발견할 때까지, 계속 실험하고 실패를 반복하는 집요한 사고의 소유자였다. 그리고 실패를 기꺼이 받아들였다.

"나는 의도한 대로 되지 않는 1만 가지 방법을 발견할 때마다 실패라 여기지 않았고 낙담하지도 않았습니다. 왜냐하면 모든 잘못된 시도는 앞으로 나아가기 위한 또 다른 발걸음이기 때문입니다."

국내에서 창의성과 혁신적 사고로 유명한 광고인 박웅현 씨 역시 실패의 중요성을 말했다.

"실패하지 않는 사람은 아무것도 하지 않는 사람이다. 우리는 어릴 때 수도 없이 넘어지면서 걷는 데 천재가 되었다는 점을 잊지 말아야 한다. 그 누구도 넘어지면서 일어나라는 명령에 따른 것이 아니다. 스스로 하려고 해서 이룬 일이다. 실패를 하고도 다시 일어서는 사람들은 그 실패마저도 즐겁다. 성공에 한 걸음 더 다가설 수 있는 '무언

그렇다면 어떻게 해야 실패를 즐기면서 받아들일 수 있을까? 우선 실패에 대한 내성을 키워야 한다. 작은 실패부터 열심히 경험하라. 컴퓨터 게임으로 시작해보는 것은 어떨까? 하지만 져도 된다는 안일한 생각을 해서는 안 된다. 반드시 이겨야 한다는 승부 근성을 갖고 실험에 임해야 한다. 그래야 실패에 따른 쓴맛을 느낄 것이고 실패를 받아들이는 근육이 튼튼해질 것이다.

둘째, 실패가 주는 감정적 경험과 이성적 깨달음을 구분하자. 사람들은 종종 실패가 전달하는 처절한 패배감에 휩싸여 쉽게 일어나지 못한다. 실패를 통해 무언가 깨닫는 것이 있다면 그것으로 충분하다. 하지만 실패가 가져오는 부정적 느낌으로 인해 깨달음조차 얻지 못하고 패배의 나락에서 헤어나오지 못하는 경우가 있다. 그래서는 얻을 수 있는 게 아무것도 없다. 실패를 했다면 반드시 이유를 따져보고 정확히 이해해야 한다.

가끔은 실패의 경험이 다른 사람의 입을 통해 '쓰라리게' 전달되기도 한다. 인신공격에 가까운 신랄한 비판을 한 시간 가까이 듣는 경우도 있을 것이다. 이럴 때일수록 실패를 둘러싼 감정적 경험과 이성적 교훈을 달걀 노른자와 흰자를 분리하듯이 구분하는 능력이 중요하다.

셋째, 실패를 통한 이성적 교훈을 통해 다음 단계를 고민해야 한다. 실패를 철저히 분석하고 이해하자. 예를 들어 경진대회에서 입상에 실패했다면 심사위원을 찾아가거나 주최 측에 연락하여 무엇이 부족했고 또 어떤 부분은 잘했는지 반드시 챙겨야 한다. 실패에 대한 복기 없이는 계속 실패만 거듭할 뿐이다.

프로처럼 실패를 활용하는 데에는 '실패 노트'만큼 좋은 게 없다. 실패 노트는 실패와 관련된 내용을 최대한 간략하게 작성하는 것이다. 조금 더 자세한 '서사극'은 일기장에 작성하도록 하고 실패 노트는 되도록 간결하게 정리하면서 목록을 쌓아가는 게 중요하다.

실패 노트 적는 방법의 예

일시	실패 개요	원인 분석	다음 단계
1/5	사장님 보고를 시간 내 완수하지 못함	앞선 보고가 10분 밀렸으므로 보고를 기존 대비 10분 짧게 했어야 했는데 시간 조절에 실패	보고 세팅에 따라 보고 시간을 유동적으로 조절할 수 있도록 준비(긴 버전과 짧은 버전을 항상 준비)

'멋진 실수'는
미래를 위한 자산

미래학자 대니얼 핑크는 실수의 중요성을 다음과 같이 강조했다.

> "뭔가 새로운 것을 배우고 뭔가 새로운 것을 시도해봐라. 그래서 멋진 실수를 해봐라. 실수는 자산이다. 대신 어리석은 실수를 반복하지 말고, 멋진 실수를 통해 배워라."

실패와 실수를 곱씹을수록 미래의 성공 확률을 높일 수 있다는 사실을 명심하라. 시오노 나나미의 《로마인 이야기》에도 같은 이야기가 나온다.

> 로마를 로마로 만든 것은 시련이다. 전쟁에 이겼느냐 졌느냐보다 전쟁이 끝난 뒤 무엇을 어떻게 했느냐에 따라 나라의 장래는 결정된다.

법칙 8

맥락을 장악하고
스토리를 만들어라

미국 최상위권 경영대학원인 켈로그스쿨은 마케팅 사관학교로 유명하다. 무엇보다도 이 학교를 유명하게 만든 장본인은 현대 마케팅의 아버지라 불리우는 필립 코틀러 석좌교수이다. 그는 2001년 《파이낸셜타임스》가 선정한 비즈니스 구루에 잭 웰치, 피터 드러커, 빌 게이츠에 이어 4위에 이름을 올렸다. 그가 서른여섯 살에 펴낸 《마케팅 관리론》은 지금도 가장 많은 대학에서 경영학 교과서로 쓰이며 마케팅 분야의 바이블로 통한다.

맥락을 파악하면
쉽게 이야기할 수 있다

2001년 켈로그스쿨 학장으로 부임한 40대 중반의 디팍 자인 교수는 필립 코틀러가 참가하기로 예정되어 있던 콘퍼런스에 대신 참석하게 되었다. 디팍 자인 역시 우수한 석학이었지만, 필립 코틀러를 기대하고 온 청중들에게 아무런 설명 없이 다른 사람이 연사로 나서는 상황은 반발을 사기에 충분했다.

행사가 시작되기 몇 분 전, 무대 뒤에서 사회자와 디팍 자인 교수는 사전 회의를 했다. 사회자가 먼저 물었다.

"디팍 자인 교수님, 만나시 반갑습니다. 지금 켈로그에서 어떠한 일을 하고 계신가요?"

"만나서 반갑습니다. 저는 켈로그에서 학장을 맡고 있습니다."

잠시 어색한 침묵이 흘렀다. 사회자는 학장이 어떠한 일을 하는 사람인지 잘 모르는 것이 분명했다.

"학장이라면 구체적으로 어떠한 일을 하죠?"

사회자가 짧은 질문을 이어갔다. 디팍 자인 박사는 어떻게 하면 쉽게 설명할 수 있을지 잠시 고민에 빠졌다. 그리고 입을 열었다.

"회사로 치자면 CEO와 마찬가지입니다. 모든 교수를 관리하며 교무와 행정 업무를 총괄합니다.”

　CEO라는 키워드를 듣자 그는 어느 정도 이해한 듯한 표정을 지었다.

　“그럼 잠시 후 무대 위에서 뵙겠습니다.”

　짧은 악수를 마치고 그는 서둘러 무대에 올랐다. 막이 오르자 사회자는 마이크를 쥐고 연사로 나설 디팍 자인 박사를 소개하였다.

　“여러분, 안녕하십니까. 참석해주셔서 대단히 감사합니다. 오늘 연사로 예정되었던 필립 코틀러 교수는 개인적인 이유로 참석이 어렵게 된 점 미리 양해를 구합니다.”

　청중들이 웅성거리기 시작했다. 몇몇은 자신의 귀를 의심하는 표정을 짓기도 했다.

　“하지만 그를 대신해 켈로그스쿨에서 또 다른 마케팅 분야 석학을 모셨습니다. 필립 코틀러와 함께 다수의 논문과 저서를 공동 연구 · 집필하였으며, 현재는 켈로그스쿨에서 필립 코틀러의 ‘보스’로 근무 중인 디팍 자인 교수를 소개합니다.”

　‘보스’라는 말을 들은 관객들은 의심 어린 눈초리를 거두고 열렬한 환호로 디팍 자인 교수를 맞이했다.

팩트를 이기는
콘텍스트의 힘

　　　　때로는 맥락(콘텍스트)이 사실(팩트)을 이긴다. 특히 맥락은 정보가 지나치게 많거나 부족하게 제공될 때 더 중요해진다.

　먼저 정보가 지나치게 많이 제공될 경우를 생각해보자. 4차 산업혁명 시대로 일컫는 지금은 바야흐로 정보 과잉의 시대이다. 우리를 둘러싼 빅데이터와 수많은 센서, 그리고 언제든 접속되어 있는 모바일 기기와 소셜 미디어 환경에서 수많은 정보가 쏟아져 나온다. 이러한 환경에서는 복잡다단한 정보를 해석하고 콘텍스트를 읽을 수 있는 자만이 변화의 소용돌이 속에서 살아남을 수 있다.

　반대로 정보가 부족한 경우에는 맥락을 이해하는 능력이 더욱 절실히 필요하다. 정보보다 맥락을 더욱 중시하는 고맥락 문화에 대해서 알아보자. 미국의 인류학자 에드워드 홀은 다음과 같이 이야기했다.

　"커뮤니케이션은 문화이고, 문화는 커뮤니케이션이다."

그는 소통 문화에 따라 저맥락 문화와 고맥락 문화로 나누었다. 한국은 일본, 중국과 함께 대표적인 고맥락 문화이며 미국, 호주, 독일 등은 저맥락 문화이다.

저맥락 문화에서는 소통을 할 때 메시지(문장)에 대부분의 정보를 담아서 명확하게 소통하기를 기대한다. 반면 고맥락 문화에서는 메시지에 담긴 정보보다 맥락을 통해 정보를 전달하는 비중이 상대적으로 높다.

인시아드에서 글로벌 커뮤니케이션을 강의하는 《컬처 맵》의 저자 에린 마이어는 고맥락 문화권에 있는 사람들끼리 소통할 때 더 큰 오해가 발생할 수 있다고 지적한다. 저맥락 문화에서 메시지에 최대한의 정보를 담는 이유는 상대방이 나의 상황을 잘 모를 것이라는 가정을 하기 때문이다. 하지만 고맥락 문화에서는 상대방이 나와 어느 정도 맥락을 공유한다고 가정하고는 메시지에 명확한 정보를 담지 않는다.

맥락 파악하기의 핵심은
스토리 만들기

맥락을 파악하는 것은 결국 요지를 파악하는 것이며, 더 나아가 새로운 스토리를 창출하는 능력이다.

나이키는 절대 그들의 광고 캠페인에서 신발의 기능과 디자인을 홍보하지 않는다. 다만 스포츠 영웅들과 그들의 스포츠 행위 그리고 삶을 반복적으로 보여준다. 소비자는 그 위대한 스포츠라는 영역에 참여하기 위한 '입장권'으로서 나이키 제품을 구매한다.

그렇다면 스타벅스는 어떠한가? 스타벅스가 단순한 커피숍이라고 생각하는 소비자는 이제 거의 없을 것이다. 골목마다 수많은 커피숍이 우후죽순처럼 생겨나 90퍼센트 이상 동일한 원재료로 경쟁하는 전형적인 레드오션 시장에서 스타벅스는 여전히 독야청청 자기만의 포지셔닝을 훌륭하게 유지하고 있다. 이는 스타벅스가 커피 음료를 판매하는 것이 아니라 '휴식과 문화 그리고 감성'을 판매하기 때문이다.

이케아는 가구점이 아니라 '어른들의 놀이공원'으로 자리매김함으로써 가구업계에서 독보적인 위치를 점하고 있다. 최근 국내에서도 화제를 일으키고 있는 일본의 츠타야 서점 역시 '서적,

DVD, CD 등 콘텐츠 판매자'에서 '라이프 스타일 판매자'로 다시 태어남으로써, '연간 서적 판매고 1위'라는 타이틀을 거머쥐게 되었다.

앞서 언급한 기업들은 자사의 기업 환경을 둘러싼 콘텍스트를 스토리로 만들어내는 훌륭한 기술을 갖고 있다. 한편, 스토리를 만들어낸다는 것은 보통 사람들이 생각하지 못하는 '프레임'으로 세상을 바라보는 고유한 능력이다.

MRI 장비에 들어가기 싫어하는 아이들의 심리 속 심연을 파악한 제너럴 일렉트릭이 개발한 '어드벤처 시리즈'가 좋은 예이다. 제너럴 일렉트릭은 어둡고 차가운 MRI 기계 속에 들어가는 공포를 새로운 곳을 찾아 떠나는 모험과 도전으로 포장(프레이밍)하였다. 마치 놀이 공원을 찾은 아이가 무서워하면서도, 귀신의 집에 들어가고 자이로 드롭을 타는 것과 같은 이치인 것이다.

기업들은 콘텍스트를 브랜드 스토리로 전환하여 고객들을 유인한다. IE 경영대학원의 피터 피스크 교수는 저서《게임체인저》에서 기업들이 어떻게 브랜드 스토리를 만들어내는지 다음과 같이 밝혔다.

기업은 주로 신화, 전설 그리고 동화처럼 영원한 진실을 중심으로 브랜드 스토리를 만들어낸다. 실제로 누구나 이용할 수 있는 전형적인 플롯이 있는데, 이 플롯을 이용하면 누구나 성공적인 스토리를 만들 수 있다. 톨스토이는 "모든 위대한 문학은 여행을 떠나는 사람에 대한 이야기이거나 마을에 나타난 낯선 사람에 대한 이야기"라고 말했다. 어떤 이는 흥미로운 스토리는 오직 하나밖에 없다고 말한다. 바로 성배를 찾는 여정을 말하는 것이다.

스토리에는 기승전결이 있다. 그러나 많은 브랜드 스토리는 '기승전'을 제공하면서 '결'을 일부러 빼먹는다. 이 '의도적인 누락'이 소비자들을 계속 브랜드 스토리에 빠져들게 하는 고도의 심리 장치인 것이다.

그리고 브랜드 스토리는 독특하다. 브랜드 스토리에는 극적인 순간, 긴장감이나 갈등, 비밀과 반전이 있다. 작가인 존 르 카레는 스토리를 다음과 같이 정의했다.

'매트 위에 앉아 있는 고양이는 스토리가 아니다. 하지만 개의 매트 위에 앉아 있는 고양이는 스토리가 된다.'

맥락을 이해하고 프레임을 사용하여 적절한 스토리를 만들어 보라. 나를 마주하고 있는 고객과 직장 동료와 가족들과의 공감 수준이 획기적으로 향상될 것이고, 당신 삶의 질과 업무 성과 역시 몰라보게 개선될 것이다.

간결함에 더욱 집착하라

BCG에서 근무하던 당시 P 파트너는 슬라이드의 헤드라인 메시지를 간결하게 만드는 데에 그 누구도 넘볼 수 없는 열정과 애착을 보였다. 당장 내일이 최종 보고인데 밤 12시가 넘은 시간에 모든 팀원을 큰 회의실에 불러모아 50장이 넘는 슬라이드를 한 장 한 장 리뷰하면서 헤드라인을 최대한 간결하고 명확하게 편집하던 것이 지금도 생생하게 기억난다. 어떤 때에는 최종 보고 1시간 전까지 헤드라인 수정 작업이 이어지기도 했다.

간결하면서도
디테일하게

"헤드라인은 한 줄을 넘으면 안 돼! 간결하면서도 충분히 디테일해야 해!"

P 파트너가 입에 달고 살던 말이었다. 당시 컨설턴트 1년차였던 나는 헤드라인이 한 줄을 넘으면 안 된다는 말을 이해하는 데 약간의 시간이 필요했다. 헤드라인이 간결하면서도 충분히 디테일해야 한다는 말은 '찬란한 슬픔'처럼 역설적이었으며 '뜨거운 아이스 아메리카노'처럼 상식에 어긋나는 듯이 느껴졌다.

지금은 저 말의 진정한 의미를 이해한다. 간결함과 디테일은 서로 상치된 개념이 아니며, 간결함을 추구하면서도 충분히 세밀한 내용을 담을 수 있다는 것을 알기 때문이다. 윤석철 교수는 간결함의 미덕에 대해 《삶의 정도》 서문에서 아래와 같이 설파했다.

세상이 복잡해지면서 사람들의 머릿속 생각이 복잡해지고, 욕망과 가치관이 복잡해진다. 기업도 조직이 복잡해지면서 경영 이념과 목표가 혼란에 빠지고, 의사 결정의 기준도 모호해진다. 기업이 시장에 내놓는 제품의 내용이 복잡해지면서 그 사용에 필요한 에너지 소모와 고장날 확률도 높아진다.

문자의 역사를 보면, 6,000자가 넘는 쐐기문자와 상형문자들의 복잡한 체계가 한글처럼 20 내지 30개의 글자로 간결화되면서 문명 개화의 가속화가 시작되었다. 숫자도 마찬가지이다. 10개의 숫자를 사용하는 십진법 대신 2개의 숫자만 사용하는 이진법의 간결성 덕분에 디지털 컴퓨터가 탄생했다.

스웨덴의 한림원은 헤밍웨이에게 1954년도 노벨 문학상을 수여할 때, 《노인과 바다》에서 느낄 수 있는 '간결한 문체'를 만들어낸 공로를 치하했다. 그 후 헤밍웨이는 간결화의 비결을 묻는 질문에 "필요한 말은 빼지 않고, 불필요한 것은 넣지 않아야 한다"고 답했다.

단순함은
궁극의 정교함

레오나르도 다빈치는 "단순함은 궁극의 정교함이다"라고 했다. 이는 스티브 잡스가 평생의 모토로 삼았던 문장이다. 아이슈타인도 발명 원칙으로 "더 이상 간단하게 만들 수 없을 때까지 간단하게 만들라"는 신조를 갖고 있었다.

세계적 베스트셀러 작가인 세스 고딘은 그의 저서《보랏빛 소가 온다》에서 단순함의 위력을 다음과 같이 이야기한다.

매년 수백만의 방문객들이 피사의 사탑을 보러 온다. 이 탑은 광고된 그대로다. 기울어진 탑이다. 메시지를 복잡하게 만드는 건 아무것도 없다. '또는'이나 '그리고'나 '덧붙여서' 같은 게 없다. 그건 그저 잔디 한복판에 서 있는 기울어진 탑이다. 티셔츠에 피사의 사탑 그림을 넣으면 메시지는 쉽게 보내지고 전달된다. 메시지의 단순함은 피사의 사탑을 더욱 리마커블(remarkable: 주목할 만한 가치가 있다는 뜻)하게 만든다. 누군가에게 피사의 사탑에 대해 이야기하긴 쉽다. 하지만 로마에 있는 판테온(the Pantheon)에 대해 이야기하는 것은 훨씬 어렵다. 그래서 비록 판테온이 아름답고, 숨이 막힐 듯하고, 중요하지만, 교통편이 복잡한 피사의 사탑을 방문하는 관광객의 고작 1퍼센트만이 판테온을 보러 간다.

100:1. 단순함이 가져온 위대한 차이다. 다시 P 파트너 이야기로 돌아가자.

국내 자산운용시장은 향후 5년간 인덱스형 펀드가 약 15퍼센트

성장하면서 전체 시장 성장을 견인함으로써, 전체 시장은 10퍼센트 이상의 높은 성장률을 시현할 것으로 전망됨

처음 헤드라인은 이러했다. 전달하고자 하는 메시지를 충분히 표현하고 있다. 하지만 슬라이드 포맷에 넣으면 한 줄이 넘고 만다. 결국 우리는 줄이고 더 줄여야 했다.

국내 자산운용시장은 인덱스형 중심의 고성장 전망됨

간결하게, 더 간결하게 계속 줄이다 보니 결국 한 줄 헤드라인으로 마무리되었다.

지금 자신이 하는 업무를 생각해보자. 보고서를 작성하는 업무일 수도 있고 고객과 통화를 주로 하는 업무일 수도 있다. 나의 업무는 간결하면서도 충분히 디테일하게 이뤄지고 있는가? 왕도는 없다. 헤밍웨이가 이야기한 것처럼 '필요한 말은 빼지 않고, 불필요한 것은 넣지 않는' 연습을 꾸준히 해야 한다. 시간이 흐를수록 궁극의 정교함을 갖춘 단순함을 손안에 쥐게 될 것이다.

메시지를
시각화하라

2010년 가을, LG전자 에어컨 사업본부의 새로운 먹거리를 고민하는 브레인스토밍 회의 자리였다. 회의실에는 10여 명의 전략기획팀 멤버가 모두 모였고 각자 머릿속에 떠오르는 메시지와 이미지들을 본인이 생각하는 프레임에 맞춰 시각화하는 작업이 이어졌다. 메시지는 '기존 주력 제품을 들고 신시장에 진출해야 한다'로 합의에 이르렀으나, 시각화하는 방법이 서로 상이했다.

다양한 시각화 기법을
능숙하게 다루기

A 차장: 이슈 트리 형태로 정리했다. 즉, 에어
컨 사업본부의 수익성이 악화한 이유를 매출 감소와 비용 증가로
구분했고, 매출 감소를 다시 판매량 감소와 판매가 정체로 구분했
다. 마지막으로, 판매량 감소를 기존 시장의 물량 감소와 신시장
개척 둔화로 전개하였다.

B 과장: '기존 시장 vs. 신시장×기존 제품 vs. 신제품'의 2×2
매트릭스를 활용하여 신제품으로 신시장에 진입하는 것이 중요함
을 강조하였다.

C 대리: 데이터 기반의 접근을 통해 시사점을 도출하였다. 즉,
에어컨 사업본부의 과거 매출과 향후 매출 전망을 왼쪽에 그래프
로 표현한 후, 오른쪽에 신제품 개발과 신시장 진출이라는 메시지
를 도출했다.

메시지의 시각화는 서로의 차이점을 이해하고 합의를 도출하

기 위해 그림으로 대화하는 것이다. 특히 프로젝트 초기에는 메시지를 언어로 전달하는 것보다 철저히 시각화해서 공유하는 것이 중요하다. 그림으로 시각화된 생각은 다른 사람들에게 쉽게 흡수되는 것은 물론, 더 나아가 다른 사람의 경험과 사고를 통해서 새로운 아이디어로 재창조되는 경우가 자주 있다. 따라서 화이트보드를 둘러싸고 앉아서 이미지 중심으로 토론을 하다 보면 추상적이고 애매했던 머릿속의 개념들이 하나둘씩 정리되는 청량감을 맛볼 수 있다.

사실 시각화의 방법에는 정답이 없다. 아이디어를 표현하는 몇 마디 키워드를 적거나, 이미지를 간략히 스케치하거나, 프로세스를 도형과 선의 연결로 그려내는 등 형식에 구애받지 않고 최대한 단순명료하게 표현하는 것이 핵심이다.

프로토타이핑

시각화 작업은 밑그림 그리기, 기초 작업, 작업의 토대 구축, 도면 그리기, 프로토타입 제작 등과 같이 여러 가지 형태로 등장한다.

작곡가들은 음악을 작곡하여 대강의 느낌을 전달하고자 할 때 '가이드 녹음'을 한다. 가사가 없는 경우가 대부분이며, 실제 노래를 부를 가수에게 곡 전체의 느낌과 노래할 때의 주요 포인트를 알려주는 것이 목적이다.

그림을 그릴 때도 마찬가지다. 화가들은 대부분 그림을 본격적으로 그리기 전에 스케치, 즉 밑그림을 그린다. 스케치는 시각 표현의 기초가 되는 드로잉 과정에서 작품을 제작하기 전에 예비적인 착상을 기록해두기 위한 개략적인 밑그림이다. 아무리 훌륭한 화가라 할지라도 스케치의 중요성을 간과하지 않는다.

디자인 싱킹에서 상용되는 프로토타이핑도 마찬가지다. 프로토타이핑은 머릿속에 존재하는 아이디어를 시각화 및 형상화하는 작업이다. 프로토타이핑의 가장 큰 목적은 아이디어 차원에 머물러 있는 사업 콘셉트를 실행 및 검증 가능한 모형으로 전환하는 데에 있다.

프로토타입에는 콘셉트의 세부 사항과 형태, 그리고 그것이 주는 미적인 감정 등이 나타나야 한다. 다시 말해 콘셉트에 생명을 불어넣는 것이 프로토타입이다.

비즈니스 싱커라면 프로토타입을 만들지 않고 혼자서 생각하는 것이 더 익숙할지도 모른다. 하지만 자신의 생각을 다른 사람에게 보여주는 데에도 능숙해져야 한다. 이것이 바로 프로토타입을 제작해야 하는 이유다.

프로토타입은 자신의 생각을 명확하게 보여줌으로써 다른 사람을 빠르게 이해시키고, 생각을 공유하게 해준다. 좋은 프로토타입은 2차원일 수도 있고, 3차원일 수도 있다. 만드는 데 60초가 걸릴 수도 있고, 60시간이 걸릴 수도 있다. 하지만 어떤 프로토타입이든 사람들을 하나의 경험으로 모을 수 있다는 것만은 분명하다.

막덱

컨설턴트가 슬라이드를 그리는 과정에서도 시각화 장치가 효과적으로 활용된다. 프로젝트 초기, 스토리라인이 완성되면 컨설턴트는 자신이 그리고자 하는 슬라이드의 대강을 손으로 그려서 팀장과 파트너와 협의하게 된다. 이를 막덱이라 부른다. 경우에 따라서는 고스트 덱(ghost deck), 스켈레톤(skeleton)이라 부르기도 한다.

막덱을 구성할 때 세밀한 내용까지 모두 표현할 필요는 없다.

하지만 적어도 헤드라인 메시지, 슬라이드 몸통 좌우에 그래프, 도형 등으로 들어갈 분석 결과 정도는 표현되어야 한다.

막덱을 그리는 가장 큰 목적은, 전체 슬라이드 콘텐츠를 총괄하는 팀장과 파트너에게 각 모듈별로 어떠한 내용이 담길지 미리 공유하여 전체 스토리를 정렬하기 위함이다.

당신의 몸속에 잠들어 있는 시각화 DNA를 깨워라

오늘도 구구절절 글로 자신의 생각을 정리하는가? 글은 가장 마지막에 꺼내 쓰는 '최종 병기'이다. 그 이전에 그림, 그래프, 다이어그램, 도형 등으로 자신의 생각을 시각화하여 표현할 수 있어야 한다. 시각화 도구가 도저히 먹히지 않는 막다른 골목에 다다른 경우에 한해 글을 써야 한다.

사실 우리 몸속 어딘가에는 시각화에 대한 기억과 경험이 자리하고 있다. 유치원 시절부터 시작했던 색칠 공부나 로봇 장난감에 들어 있는 그림 설명서, 수학 시간에 배웠던 집합과 명제의 벤다이어그램 등 시각화의 위대함을 몸소 배우며 자라왔기 때문이다.

그 느낌을 다시 활용하여 시각화에 익숙해지자. 시각화가 익숙해질수록 본인의 생각을 정리하는 데 탁월해지는 것은 물론 다른 사람과의 커뮤니케이션에서도 능률과 속도가 획기적으로 개선되는 것을 체험할 수 있을 것이다.

소수도
놓치지 마라

내가 '8:2의 법칙'을 처음 접한 것은 대학교 졸업을 앞둔 20대 중반에 읽었던 《공병호의 자기경영노트》를 통해서였다. 먼지가 켜켜이 쌓인 그의 책을 책장에서 조심스레 꺼냈다.

조셉 스타인은 "8:2의 법칙은 수시로 바뀌는 자연의 풍경처럼 변덕스러운 경제 현상을 오랜 세월 동안 지배해왔다. 그러나 이 법칙은 경험적으로 확인할 수 있을 뿐 아무도 그 이유를 설명하지 못한다"고 말한다.

여기서 강조하고자 하는 것은 8:2의 법칙의 원리를 이해하는 것이 중요한 것이 아니라 그 법칙의 중요성을 본능적으로 깨닫고 이를 행동으로 옮기는 것이 중요하다는 것이다.

'8:2 법칙'의
과학

　　　　　　　　　일상생활에서 쉽게 발견되는 8:2 법칙의 사례를 몇 가지 살펴보자. 먼저 비즈니스 측면에서 8:2의 법칙은 너무나도 뚜렷하게 입증된다. 20퍼센트의 상품이 총 매출의 80퍼센트를 창출하고, 20퍼센트의 충성스러운 고객들이 총 매출의 80퍼센트 차지한다, 즉 '결과물의 80퍼센트는 조직의 20퍼센트에 의하여 생산된다'는 것이다. 이 법칙은 비즈니스 분야에서 황금률로 받아들여져 마케팅의 기본 토대가 되었다. 인기 상품을 고객의 눈에 잘 띄는 곳에 진열하여 판매하거나 소수의 우수고객 또는 우량고객을 우대하는 등의 마케팅 기법은 모두 이 이론에 근거한 것이다.

　둘째, 사회적인 측면에서도 8:2의 법칙은 어김없이 등장한다. 범죄자의 20퍼센트가 전체 범죄의 80퍼센트에 해당하는 범죄를 저지르고 전체 운전자의 20퍼센트가 교통사고의 80퍼센트를 일으킨다. 한편 전체 기혼자의 20퍼센트가 전체 이혼율의 80퍼센트를 구성한다.

셋째, 일상생활 측면에서 살펴보면, 우리는 가진 옷의 20퍼센트만으로 365일 중 80퍼센트에 해당하는 300일을 생활한다. 냉장고 안에 있는 수많은 음식 종류 중 가장 빈번히 소비되는, 즉 80퍼센트의 점유율로 소비되는 음식 역시 결국 상위 20퍼센트이다.

8:2의 법칙은 이탈리아의 경제학자, 사회학자, 통계학자였던 파레토가 발견했기에 파레토 법칙이라고 불린다. 그렇다면 파레토 법칙이 우리에게 던지는 시사점은 무엇일까?

파레토 법칙을 다시 요약하자면, '결과물의 80퍼센트는 조직의 20퍼센트에 의하여 생산된다'는 것으로, 20퍼센트의 '핵심 소수'가 80퍼센트의 다수보다 뛰어난 가치를 창출한다는 주장이다. 이는 지극히 자원 투입 관점에서의 효율성에 입각한 사고방식으로, 로지컬 싱킹에 따라 합리적인 개인의 행동 양식을 정의한다.

'2:8 법칙'의
과학

  그렇다면 과연 성공하는 사람들은 항상 파레토 법칙에 따라 행동할까?

  파레토 법칙은 효율성이라는 지표가 절대 미덕으로 칭송받던 1~3차 산업혁명 시절에는 매우 유효했다. 하지만 4차 산업혁명 시대로 접어들면서 기계가 할 수 없는 인간 고유의 역할에 대한 논의가 활발히 이뤄지는 현시점에는 파레토 법칙에 대한 절대불변의 믿음이 흔들리고 있다. 파레토 법칙을 보완해주는 새로운 사고방식과 행동 양식에 대한 사람들의 관심이 고조되고 있는 것이다.

  파레토 법칙의 대척점에 서 있으면서, 파레토 법칙과 함께 인간의 오묘한 사고방식과 행동 양식을 설명해주는 '롱테일 법칙'을 알아보자.

  롱테일 법칙은 파레토 법칙과는 반대로 80퍼센트의 다수가 20퍼센트의 핵심 소수보다 뛰어난 가치를 창출한다는 이론으로 '역(逆) 파레토 법칙'이라고도 한다. 예를 들면, 온라인 서점 아마존닷컴의 전체 수익 가운데 절반 이상은 오프라인 서점에서는 서가에 비치하지도 않는 비주류 단행본이나 희귀본 등 이른바 '팔리지 않는 책'들로 축적된다. 또한 구글의 주요 수익원은 《포천》에서 500대 기업으로 선정한 '거대 기업'들이 아니라 꽃배달 업체나 제과점 등 '자잘한' 광고주들이다. 이 용어는 2004년 인터넷 비즈니스 잡지 《와이어드》의 편집장 크리스 앤더슨이 처음 사용하였다. 앤더슨에 따르면, 어떤 기업이나 상점이 판매하는 상품을 많이 팔리는 순서대로 가로축에 늘어놓고 각각의 판매량을 세로축에 표시하여 선으로 연결하면, 많이 팔리는 상품들을 연결한 선은 급경사를 이루며 짧게 이어지지만 적게 팔리는 상품들을 연결한 선은 마치 공룡의 '긴 꼬리(long tail)'처럼 낮지만 길게 이어지는데, 이 꼬리 부분에 해당하는 상품들의 총 판매량이 많이 팔리는 인기 상품의 총 판매량을 압도한다는 것이다.

그렇다면 롱테일 법칙이 우리들에게 던지는 시사점은 무엇인가? 업무에서든, 일상생활에서든, 사람과의 관계에서든 사소해 보이는 '잔챙이'를 결코 소홀하게 생각해서는 안 된다는 것이다. 파레토 법칙에 따라 잔챙이를 제거하는 순간, 그 작은 녀석이 지니고 있을 수도 있는 고유한 아이디어와 혁신의 가능성이 송두리째 사라지기 때문이다.

2009년 LG전자에 입사했던 나에게 처음으로 부여된 과제는 프랑스 에어컨 사업의 '턴 어라운드' 프로젝트였다. BCG 출신이긴 하지만 30대 초반의 젊은 주니어였던 나에게는 부담이 큰 일이었다.

LG전자 에어컨 사업부는 일본 업체에 비해 프랑스 시장에 뒤늦게 진출했다. 진출하자마자 프랑스에서는 더위가 기승을 부려 여름 동안 수십 명이 더위에 허덕이다 사망하는 충격적인 사태가 일어났다.

역사적인 폭염으로 인해 프랑스 시장에서 유의미한 점유율을 달성한 해, 사고들이 일어나기 시작했다. 프랑스 북부 지역에서 서비스 불량으로 인한 신고들이 쏟아지기 시작한 것이다. 한 달 만에 신고 접수는 수십 건을 넘어섰다. 아직 프랑스 시장에서 서비스망을 구축하기 전이었던 LG전자는 자사의 서비스 기사를 총출동시키는 것은 물론 아웃소싱 서비스 업체까지 동원했지만 에어컨 수리는 제시간을 넘겼고 고객의 아우성은 더욱 심해져만 갔다.

고장 이력을 추적해보니 전체 서비스 접수 중 건수 기준으로 약 80퍼센트가 약 20퍼센트의 소수 모델에 집중되어 있었으며, 그중 A 모델이 전체의 50퍼센트를 차지할 정도로 눈에 띄는 '문제아'였다. 파레토 법칙을 적용한다면 본사 연구소에 당장 전화해서 A

모델의 성능 개선에 초점을 맞추라고 해야 했을 것이다.

하지만 고객을 방문하여 의견을 청취해보니, 그들이 가장 불편을 호소했던 제품은 A 모델이 아니라 불량 건수가 한두 건에 불과했던 X 모델이었다. 이유는 무엇이었을까?

A 모델은 대부분 소모품 교체, 배관 불량 등 단순 서비스 접수가 대부분이었던 반면 X 모델은 이유를 쉽게 발견하기 힘든 '난치병'을 앓고 있었기 때문이다. 에어컨이 고장난 채 두세 달 이상 지내야 했던 고객 입장을 생각해보라. 진짜 문제아는 A가 아니라 X였던 것이다.

만약 파레토 법칙에 따라 A 모델에 집중하고 나머지 모델들을 등한시했다면 프로젝트의 결과는 끔찍했을 것이다. 이 프로젝트 후, 나는 어떠한 정보나 데이터를 새로 접하게 되면 파레토 법칙과 롱테일 법칙을 번갈아 적용해보며 가능성을 다각도로 요모조모 살펴보는 습관이 생겼다.

'8:2 법칙'과 '2:8 법칙'을 능수능란하게 사용하는 '양손잡이 게임'을 해야 한다. 이는 마치 카메라의 줌인과 줌아웃 기능을 자유자재로 활용하는 능력과도 일맥상통한다. 깊이 있고 세밀하게 나무를 관찰하다가 전체 숲을 조망하기도 해야 한다.

세상을 바라보는 당신만의 렌즈로 줌인과 줌아웃을 반복하면서 다른 사람들이 발견하지 못하는 인사이트를 찾기 바란다.

법칙 12

구조화하여
보여줘라

비즈니스에는 보통 인과관계가 복잡하게 얽혀 있다. 그러므로 사고의 방기 없이 문제를 정리하려면 몇 가지 '정리 방정식'이 필요하다.

피라미드
구조

먼저, 피라미드 구조로 정리하는 방법이다.

'피라미드 원칙'이라 불리는 이 방법이 비즈니스 세계에 널리 퍼진 것은 맥킨지의 최초 여성 컨설턴트였던 바바라 민토 여사가 지은 《논리의 기술》이라는 책이 발간된 이후부터다. 이 책은 경영대학원을 마치고 맥킨지 등 컨설팅 회사에 입사한 신입 사원들의 필독서였다. 'Why?'와 'So what?'을 피라미드 구조로 만든 것으로, 완전히 새로운 것은 아니었다. 사물을 체계적으로 정리할 때 피라미드 구조를 활용하는 것은 널리 알려진 기법이다.

피라미드 구조를 사용하는 비결은 한마디로 가로와 세로를 체크하는 것이다. 곧 피라미드 각 층의 추상도는 균질한가, 그리고 맨 위의 피라미드(결론)를 지탱하는 하부 피라미드는 'MECE'로 되어 있는가가 체크 포인트다. MECE(Mutually Exclusive, Collectively Exhaustive)는 '누락도 중복도 없을 것'을 의미하며 '중요한 것과 그렇지 않은 것', '돈을 주면 살 수 있는 것과 살 수 없는 것'처럼 'A와 A가 아닌 것'으로 구분하는 것이다(MECE는 본래 맥킨지 내부에서 사용하던 용어였는데, 지금은 컨설팅 업계 전반에서 널리 사용되고 있다. 맥킨지 출신은 '맥킨지 마피아'라고 불릴 만큼, 컨설턴트로서만이 아니라 기업의 경영진으로도 많이 활약하고 있다).

피라미드 구조는 보통 로직 트리(Logic tree, 혹은 이슈 트리Issue tree)라는 형태로 나타난다. 로직 트리를 감성적으로 잘 표현하는 다음 문구를 살펴보자.

노랗게 물든 숲속에 서 있던 로버트 프로스트는 이렇게 노래했다.

숲속에 두 갈래의 길이 있었고,

나는 비교적 사람들의 발길이 닿지 않는 길을 택했노라고.

그로 인해 모든 것이 달라졌노라고.

이 시를 도식화하면 '노란 숲속'이라는 박스를 맨 위에 그리고 그 아래 두 갈래로 나뉜 로직 트리를 이어 그린 후 각각의 박스에 '사람들이 많이 간 길', '사람들이 많이 가지 않은 길'이라고 표현할 수 있다. 물론 여기서 선택이 끝난다는 보장은 없다. 각각의 길마다 또 다른 샛길들이 나 있을지도 모른다. 그러면 로직 트리는 훨씬 복잡해지고 정교해질 것이다.

다시 피라미드 구조 이야기로 돌아가자. 로직 트리에서 생물을 가장 위의 상사에 올려놓으면 그 아래 상자에는 동물, 식물, 원생동물이 들어갈 것이다. 여기서 동물은 다시 척추 동물과 무척추 동물로 나눌 수 있다.

비즈니스 과제를 다룰 때에도 이와 같이 해볼 수 있다. 하지만 피라미드 하부로 내려갈수록 추상도가 낮아지면서 구체성이 높은 요소로 구성되기 때문에 완전한 MECE를 추구하기 어려워진다. 따라서 중요한 요인들 속에서 가급적 MECE가 실현되도록 유의해야 한다.

세 가지
화법

논리적으로 사고하는 버릇을 가진 사람이라면 질문을 받았을 때 '이유는 세 가지이다. 하나는… 그리고 두 번째는…'과 같이 '세 가지 화법'을 활용하는 경우가 많다. 그러한 습관이 몸에 배어 있기 때문이다. 다시 말해 머릿속에 피라미드를 그리면서 이야기를 하는 것이다.

컨설팅 회사의 회식 자리에 앉아 있노라면, 여기저기서 '세 가지가 있어' 화법이 들린다. '너 주말에 무엇을 할 계획이니?'라는 일상적인 질문에도 '난 주말에 세 가지 계획이 있어. 첫째, 오랜만에 부모님을 찾아뵐 것이고, 둘째, 밀렸던 미드를 볼 것이고, 셋째,

미국에서 잠깐 돌아온 여동생이랑 놀아줄 거야'라는 식으로 대꾸하는 등 컨설턴트들은 모든 문장을 '세 가지가 있다'라고 던지고 시작한다.

특히 이러한 '세 가지 화법'은 주니어 컨설턴트들에게서 더욱 자주 관찰된다. 구조적인 사고를 하고, 체계적으로 전달하는 것이 미덕이라고 한창 단련되는 시기이다 보니 그럴 만하다.

하지만 이런 '세 가지 화법'에 집착하다 보면, 모든 문장이 보고용 슬라이드 헤드라인처럼 무미건조해지면서 인간미가 퇴색하는 것은 물론, 가끔 세 가지가 있다고 지르고 나서 두 가지만 이야기는 오류를 범하는 등 부작용도 있다.

왜 하필 세 가지인가? 생각해보면 우리는 과거부터 세 가지 조합에 가장 익숙하게 살아왔다. '곰 세 마리가 한 집에 있어'로 시작하는 동요라든가, 삼형제와 관련된 전래동화, 금·은·동메달, 하늘·땅·바다 등 심리학적으로 세 가지 조합이 받아들이기 가장 편안하다는 것이나. 두 가지는 뭔가 아쉽고 네 가지는 뭔가 번잡해 보인다.

'세 가지 화법'은 구조화에 익숙하지 않은 일반 사람들이 가장 손쉽게 활용할 수 있는 체계적 사고의 프레임이다. 평상시 장황하게 넓두리하듯이 이야기한다는 평을 듣는 사람이라면 사용해볼 것을 권장한다.

매트릭스
프레임

요소를 정리하는 또 하나의 기법은 '매트릭스'이다. 컨설턴트들은 논점을 명확히 할 수 있다는 장점 때문에 자주 사물을 매트릭스로 정리한다. 이 장점을 살린다는 의미에서 독립된 두 개의 축을 가지고 4분면으로 분석할 때가 많다. 물론 세 개의 축을 가지고 3차원을 묘사하거나, 두 개의 축으로 9분면, 16분면을 나타낼 수도 있지만 너무 복잡해지면 매트릭스의 장점이 오히려 훼손될 수 있다.

4분면(2×2) 매트릭스로는 BCG에서 만든 BCG 매트릭스가 유명하다. 그 밖에도 앤소프의 다각화 모델이나 전략론, 그리고 '조하리의 창' 등과 같은 행동 과학 분야에서도 널리 사용되고 있다.

매트릭스는 단순해 보이지만 축을 어떻게 잡느냐에 따라 가치가 결정된다. 축을 점검할 때는 다루는 과제에 중요한 다른 변수는 없는지 살펴보고, 두 개의 축을 잡았을 경우에는 취급하는 과제를 충분히 망라하고 있는지 또는 축이 독립된 변수이고 중복은 없는지를 체크할 필요가 있다.

아울러 메시지가 알기 쉬운가도 체크 포인트이다. 완성도 높은 매트릭스는 보기만 해도 메시지가 전달된다. 매트릭스를 잘 그리기 위해서는 가능한 완성도 높은 것을 많이 보면서 보는 눈을 기르고, 자신의 머리로 충분히 음미하는 습관을 들여야 한다. 이런 식으로 훈련하면 누구나 쉽게 매트릭스로 문제를 정리할 수 있다.

새로운 박스 안에서
생각하라

매트릭스는 사람들이 생각하는 틀이자 상자이다. 흔히들 새롭고 혁신적 아이디어를 부추기기 위해서 '박스 밖에서 생각하라(Think out of the box)'고 하는 것도 곱씹어보면 사람들이 보통 정해진 프레임 안에서 생각하는 것에 익숙하기 때문이다.

근대 연기 이론의 초석을 세운 것으로 평가받는 기념비적 저서 《배우 수업》에서 위대한 연출가인 콘스탄틴 스타니슬랍스키는 테이블 아래로 숨는 연기를 지시받은 한 배우에 얽힌 일화를 밝힌다. 지문에는 무대 위로 즉각 위험이 엄습한 것으로 되어 있다.

배우는 대본과 무대라는 가상의 제한된 공간에서 한평생 쌓아 온 경험을 바탕으로 실제와 같은 감정을 분출하여 연기해야 한다. 이 배우는 테이블 아래 숨어야 하는 감정적 동기를 찾으려고 애썼으나 자신이 정말로 두렵다는 확신을 갖지 못했다. 두려움을 느낄 수 없었던 배우는 제대로 연기를 할 수 없었다. 그러자 연출가가 그에게 아무 생각도 하지 말고 그냥 테이블 아래로 들어가서 머리를 숨기라고 말했다. 배우는 지시받은 대로 했다. 연출가는 배우에게 어떤 느낌이 드는지 물었다. 그러자 배우는 두려움을 느낀다고 대답했다. 연출가는 "자네는 두려움을 느껴서 테이블 아래로 들어갈 때도 있지만 어떤 경우에는 테이블 아래에 들어가서 두려움을 느끼기도 할 것"이라고 말했다.

콘스탄틴 스타니슬랍스키가 서양 예술에 기여한 위대한 공헌은 '창조적 영감은 종종 구조로 이어지지만, 그만큼 자주 구조(프레임)가 창의성을 일깨우기도 한다는 사실'을 제시했다는 데 있다.

최근에는 '박스 밖에서 생각하라'는 말보다 오히려 '새로운 박스 안에서 생각하라(Think in the new box)'는 말을 하기도 한다. 틀을 벗어나서 생각하는 게 익숙하지 않다면 차라리 새로운 틀을 먼저 만들고 그 안에서 생각하는 것이 더 효과적이기 때문이다.

이는 메시지를 받아들이는 사람의 입장에서도 마찬가지다. 청자 또한 프레임에 맞춰 생각하는 것이 익숙하기 때문에 프레임에 맞춰 전달되는 메시지는 청자 입장에서도 심정적으로 훨씬 이해하기 쉽다. 매트릭스 프레임의 고수가 되어 체계적이고 구조적으로 생각하는 것은 컨설턴트처럼 사고하기 위한 훌륭한 나침반이 될 것이다.

법칙 13

멍청한 질문을
고집스럽게 던져라

디자인 싱킹의 대가 돈 노먼은 한 단계 더 내려가서 깊게 생각하고 질문하는 것의 중요성을 강조한다. 한 단계 더 내려가서 질문한다는 것은, 스스로 문제의 본질을 향해 한 걸음 더 내딛는 용기와 더불어 모두가 당연하다 생각하는 가정과 상식에 도전하는 태도를 말한다.

그의 주장에 따르면 '세상에 멍청한 질문'이란 없다. 오히려 상식에 대해 질문하고 당연시되는 가정에 도전하는 '멍청한 질문'이 논리적인 척, 똑똑한 척하는 질문보다 백만 배 이상 가치 있다는 것이다.

이제 막 말을 배운 아이들과 한 시간 이상 대화해본 적이 있는 가? 세상에서 가장 높은 수준의 호기심을 갖고 있고 그 누구보다 명확하고 간결한 질문을 던지는 집단이 바로 이 '꼬맹이'들이다.

"아빠, 왜 하늘은 파란색이야?"

"멍멍이는 왜 꼬리를 흔들어?"

"여자들은 왜 남자보다 머리가 길어?"

하루에도 수많은 질문들이 쏟아진다. 엉뚱한 질문에 헛웃음이 나기도 하지만, 진지하게 대답하려고 든다면 결코 대답하기 쉽지 않은 질문투성이이다.

돈 노먼은 '멍청한 질문하기'의 중요성에 대해서 아래와 같이 이야기했다.

"오늘날의 교육 현장에서 발견되는 가장 큰 문제는 인간 행동, 심리, 사회 현상을 이해하기 위한 노력을 점차 등한시한다는 점이다. 학교 교육과정은 대신 단순한 지식과 기술을 연마하는 데 더욱 많은 시간을 할애한다. 이에 따라 사람들은 문제를 접하게 되면 지금까지 본인들이 느끼고 경험하고 알고 있던 지식에 근거하여 문제를 해결하려고 든다.

하지만 나는 다시 문제 해결의 본질로 돌아가야 한다고 생각한다.

모두가 고개를 끄덕이는 현상에 대해서 과감히 멍청한 질문을 던짐으로써 모두를 잠시 멈칫하게 하는 것이 필요하단 말이다. 이를 멍청한 질문이라 폄하하더라도 상관없다. 오히려 너무나도 명확한 사실에 대해서 '멍청한 질문'을 던질 때 질문의 가치와 울림은 더한 법이다. 생각해보라. 때로는 너무나도 명확한 것이 명확하지 않은 경우가 많다. 왜냐하면 그러한 현상, 상식과 지식은 모든 이들에게 질문되지 않고 오랜 시간 방치되어왔기 때문이다. 만고불변의 지식조차 한 번쯤은 '지식의 청문회'에 세워볼 필요가 있다. 다시 강조하자면, 세상을 근본적으로 변화시키고 사람들의 삶을 바꾸는 혁신은 언제나 멍청한 질문으로부터 시작한다."

너무나도 당연시되는 것에 대해서 질문함으로써 우리는 기존에 우리가 갖고 있던 신념, 모두가 의존하고 신뢰하는 모범 답안과 접근 방법에 대해서 다시 한번 생각해보는 기회를 갖게 된다. 이는 말로 표현할 수 없을 만큼 커다란 가치를 지닌 순간이다.

멍청한 질문의 위력은
생각보다 세다

고객사들이 비싼 비용을 부담하면서 컨설팅 프로젝트를 수행하는 이유 중 하나는 '멍청한 질문'을 구하기 위해서인 것 같다. 프로젝트에 착수하고 1주 차에 접어들면 호기심으로 가득 찬 컨설턴트들은 고객사와 마주 앉아 수많은 질문들을 쏟아낸다. 특히 객관적이고 합리적인 관점에서는 도저히 이해되지 않는 현상에 대해서 질문하기 마련이다.

"왜 모든 보험 설계사가 퇴근 시간에 사무실로 돌아와야 하는 건가요?"

국내 선도 생명보험사 X와 진행했던 프로젝트 2주 차에 내가 고객사 A 차장에게 던졌던 질문이다. 지점장 출신이었던 A 차장은 당황한 듯 헛웃음을 지었다.

"정병익 컨설턴트 님, 보험사 프로젝트를 처음 하셔서 그런지 몰라도 질문 수준이 너무 낮은 것 아닙니까?"

생각보다 '카운터 어택'이 강력했다. 사실 질문하기 전 이러한 반응이 나오리라 이미 예상은 하고 있었다. 최연소 지점장 출신이자 현재 전략기획팀에서 가장 잘 나가는 A 차장은 평상시에도 독

설가로 명성이 자자했다. 나는 애써 그의 반응을 무시하며 또다시 멍청한 질문을 던졌다.

"그들이 돌아와야 하는 것인가요? 아니면 돌아올 수 밖에 없는 것인가요?"

"그게 말이죠. 한마디로 이야기하기 힘든데요….."

A 차장의 기세는 다소 누그러졌다. X 보험사는 전국에 200개가 넘는 지점을 보유하고 있는 국내 3위권 생명보험사로서 보험 설계사만 해도 5,000명이 넘었다. 하지만 최근 설계사의 생산성이 떨어지고 운영 비용 부담이 증가하면서 지점 운영 모델에 근본적인 의문이 제기되고 있었다.

보험 설계사의 면면을 보면 보통 나이가 40~50대인 여성으로서 결혼 및 출산 후 두 번째 인생의 막을 화려하게 올린 이들이 대부분이다. 왜 이들은 아침 9시에 출근하는 것도 모자라 퇴근 시간인 오후 6시에 임박하여 다시 사무실로 복귀하는 것일까?

1주 차 말에 현장 스터디를 위해 찾은 왕십리 지점의 고참 설계사는 다음과 같이 이야기했다.

"설계사 대부분은 직장 생활 경험에서 오랜 시간 멀어져 있던 아줌마들입니다. 정해진 시간에 출근하고 퇴근하는 패턴이 익숙하지 않은 사람들이죠. 본사에서는 영업직인 설계사를 사무직과 마찬가지로 관리하려는 것 같아요. 곰곰히 생각해보면 절반은 맞고 절반은 틀린 것 같아요."

"그게 무슨 말씀이시죠?"

나는 대화의 맥을 끊지 않으면서 적당한 호기심을 표시하기 위해 짧은 질문을 던졌다.

"설계사의 평균 근속 연수는 1년 정도예요. 처음에는 가족과 지인들 중심으로 쉽게 보험 상품을 판매하다가 6개월이 지나면서부터 고민에 빠지게 되죠. 낯선 사람들을 고객으로 끌어들여야 하는데 이게 쉽지가 않죠. 이때부터는 본사에서 내려오는, 또는 지점장과 팀장이 전수해주는 영업 기법과 노하우가 중요합니다.

하지만 이때가 설계사들이 이탈하기 시작하는 시기이도 합니다. 이탈하는 설계사들의 가장 큰 특징은 출근과 퇴근이 점점 불규칙해진다는 것인데요. 따라서 본사에서는 그러한 징후를 사전에 감지하고 설계사들이 최대한 오랫동안 근무할 수 있도록 예방적 조처를 취하기 위하기 위해 출퇴근을 철저히 체크하는 것입니다."

"일견 타당한 관리 방식이라 생각되는데요."

그렇지 않다고 생각했지만 타당하지 않은 이유를 더욱 신랄하게 듣기 위해서 나는 밑밥 질문을 던졌다.

"컨설턴트 양반, 잘 생각해보세요. 설계사는 영업직이에요. 근본적으로 고객 주변에 더욱 오랜 시간 머물러야 한다고요. 가끔 고객 자녀의 입학식과 졸업식을 챙겨야 하는 것은 물론이고 고객들의 중요 기념일에 맞춰 문자 메시지와 작은 선물을 잊지 않아야 한단 말입니다. 매일 퇴근 시간에 맞춰 지점에 돌아와야 하는 구조는 이러한 마케팅 활동을 극히 제한하는 족쇄와도 같단 말이에요."

"아, 그렇군요. 그렇다면 본사에서 영업 마케팅을 희생해가면서 퇴근 시간 내 지점 복귀를 고수하는 이유는 무엇이라고 생각하시나요?"

절대로 섣불리 중간 결론을 내려서는 안 된다. 그렇게 하고 싶더라도 고객의 입에서 고객의 경험과 생각이 나올 수 있도록 유도해야 한다.

"퇴근 시간에 복귀하는 게 나름의 이유가 있어요. 먼저 지점장, 팀장과 간단한 마감 미팅을 합니다. 5분도 안 되지만 하루 동안 영업 활동의 결과를 보고하고 상의하다 보면 뭔가 배우는 게 분명 있습니다.

하지만 더 중요한 것은 하루 동안 고객으로부터 접수한 서류들을 지점 사무직 선생님에게 전달하는 거예요. 우리 회사가 국내에서는 내로라하는 회사이지만 아직 프로세스가 서류 중심으로 구성되어 있습니다. 고객이 사인한 각종 신청서와 구비 서류를 그날 전달하지 않으면 처리 일자가 밀리기 마련입니다. 특히 병원에 누워 있는 고객의 경우 보험금 청구가 언제 이뤄지는지 하루가 멀다 하고 연락하기 일쑤예요."

"고객으로부터 받은 서류 전달이 더 중요해 보이는군요. 왜냐면 지점장, 팀장과의 미팅은 전화로도 충분히 대체 가능하잖아요."

나의 주장에 설계사는 고개를 끄덕였다.

결국 그 프로젝트의 핵심은 설계사가 고객과 만난 후 고객으로부터 받은 서류를 효율적으로 지점에 전달하는 것이었다. 설계사가 직접 전달할 필요 없이 말이다. BCG 컨설턴트와 고객사 직원으로 구성된 프로젝트 팀은 일주일간 브레인스토밍을 가졌다.

"주요 거점별로 문서 센터를 두면 어떨까요? 광화문, 강남, 목동, 노원 등 큰 상권별로 문서를 팩스 및 스캔해서 보낼 수 있는 센터를 두는 거예요. 설계사는 지점으로 돌아가는 대신 문서 센터에 방문해서 팩스 및 스캔 서비스를 통해 지점으로 문서를 전달하는 것입니다."

"퀵 서비스 인력을 운영하는 것입니다. 퀵 서비스 인력은 설계사를 찾아가 문서를 수취해서 해당 지점별로 전달하는 것이죠."

"처음부터 정보를 전자화해서 입력받는 방법을 고민할 수 있습니다. 예를 들어 아이패드에 직접 보험 청약을 하거나, 보험금 청구를 하는 것이죠. 해당 정보와 사진 등은 디지털 정보로 전환되어 지점을 거칠 필요 없이 본사 담당 부서에 전달됩니다."

다양한 아이디어가 쏟아졌다. 프로젝트는 성공적으로 마무리되었으며 BCG가 제시한 솔루션은 혁신적인 변화를 가져왔다.

BCG가 제시한 솔루션은 멍청한 질문에서 시작되었다. 모두가 당연히 받아들이는 것에 대해서 나를 포함한 컨설턴트들이 멍청하게 들이대지 않았다면 고객사는 지금도 과거와 같은 비효율적인 프로세스를 반복하고 있을지도 모른다.

우문현답이라는 말이 있다. 결과 지상주의에 물들어 있는 사람들은 이 사자성어에서 '우문'보다 '현답'에 더 높은 가치를 둔다. 하지만 현답이 있기 전에 우문이 있었음을 명심해야 한다. 현답을 이끌어내는 우문의 위대함을 놓치지 않는 데에서 업무 능력의 수준이 갈린다.

오늘부터 멍청한 질문을 시작해보자. 그리고 멍청한 질문을 하는 동료들에게 진심으로 감사하자. 새로운 아이디어가 샘솟을 수 있도록 마중물이 되어주는 '멍청한 질문'의 위력을 느낄 수 있을 것이다.

혁신과 창의를 이끄는 세 가지를 기억하라

사람들은 창의적이기 위해 많은 고민을 한다. 창의성은 쉽게 얻기 어렵기 때문이다. 그렇다고 무조건 선천적인 것은 아니다. 후천적으로나마 창의성을 습득하기 위한 방법과 방법론이 있다.

먼저 '모방'이다. 파블로 피카소는 이렇게 말했다.

"좋은 예술가는 모방하고, 뛰어난 예술가는 훔친다."

모방이 다른 것을 본뜨는 것이라고 한다면, 다른 것들을 본뜨고 합치는 것을 '조합'이라고 할 수 있다. 복수의 사물이나 현상의 일부를 합해서 새로운 것을 만들어낸다는 것인데, 이런 조합은 창의적 산물을 얻어내는, 현재까지 알려진 가장 체계적이고 가시적인 방식인 것 같다.

피카소는 6살 때 벨라스케스의 〈시녀들〉을 보고 매일 똑같이 따라 그렸다고 한다. 그리고 76세가 되어서도 피카소는 〈시녀들〉을 따라 그렸다. 〈시녀들〉 전체 그림을 그리기도 하고 일부를 떼어 그리기도 하면서 수많은 버전을 재창조하기에 이른다. 피카소 박물관에는 〈시녀들〉을 그린 그림이 58점이나 있다고 한다.

대형 컨설팅 회사에는 내부 데이터베이스가 있는데, 이 공간에서는 프로젝트 최종 결과물 슬라이드 내용을 고객사의 기밀을 누출하지 않는 범위에서 가공 및 완화하여 공유한다.

새로운 프로젝트를 착수하면 가장 먼저 내부 데이터베이스에 유사한 프로젝트의 결과물이 존재하는지 찾아본다. 이는 앞서 경험한 자들의 노하우와 방법론을 익히는 것은 물론, 그들이 사고와 분석의 결과물을 어떻게 슬라이드에 옮겨놨는지를 모방할 수 있는 매우 훌륭한 기회이기 때문이다.

BCG에서는 매달 케이스 셰어링 세션이 열린다. 서울오피스에도 컨설턴트 100명가량이 근무하다 보니, 각 개별 컨설턴트가 어느 프로젝트 팀에서 어떠한 슬라이드를 그리는지 서로 모르는 경우가 대부분이다. 따라서 컨설턴트들이 돌아가면서 자신의 슬라이드 결과물을 정리해서 다른 컨설턴트와 공유하는 것이다. 특히 프로젝트 진행 중에 어떠한 방식으로 접근하였고, 어떻게 슬라이드에 표현해냈는지를 서로 나누고 논의하는 것이 이 세션의 핵심이다.

다음은 '연결'이다. 스티브 잡스는 한 인터뷰에서 창의력과 관련하여 매우 중요한 이야기를 하였다.

"창의력은 여러 가지를 단순히 연결하는 것이다. 창의적인 사람들에게 어떻게 중요한 일을 했는지 물으면, 대다수가 약간의 죄책감을 느낀다. 그들은 실제로 그 일을 하지 않았으며 그저 뭔가를 보았을 뿐이기 때문이다. 그리고 일정한 시간이 지나면서 그것들이 분명해졌다. 그들에겐 과거의 경험들을 연결해 새로운 것을 조합해낼 수 있는 능력이 있었던 것이다. 그것이 가능했던 이유는 그들이 다른 사람들보다 더 많은 경험을 쌓았거나 아니면 자신의 경험에 대해 더 많은 생각을 했기 때문이다."

결국, 다른 사람의 결과물을 관찰하고 모방하며, 여러 아이디어를 조합 및 연결하는 것이 혁신과 창의의 원천이 된다는 것이다. 그 구체적인 방법론으로 세 가지를 들 수 있다.

① 유추:
현재 아는 것을 기반으로 상상하라

첫째는 유추법이다. 그 좋은 예가 원자 구조 모형이다. 당시 잘 알려진 태양계의 구조, 즉 태양을 중심으로 여러 위성들이 돌고 있다는 지식을 원자의 구조에 적용해 원자핵 주변을 여러 전자들이 돌고 있다고 개념화한 것이다.

유추법은 전형적인 사례 기반 접근 방식이다. 즉, 어떤 새로운 문제를 풀기 위하여 다른 영역의 과거 사례를 사용하는 방법이다. 여러 산업에서 오랜 시간 동안 축적된 사례를 둘러보면서 교훈을 얻는 것과 동시에 현재 우리가 처한 상황에 그 교훈을 대입해보면서 새롭고 창의적인 아이디어를 모색하는 것이다.

② 은유:
사고와 언어의 근간

둘째, 은유법이다. 큰 강물도 단 하나의 샘에서 출발한다. 은유는 우리의 사고와 언어, 그리고 학문과 예술을 구성하는 가장 원초적이고 근본적인 도구다. 더 자극적으로 표현하자면 은유 없이는 우리의 사고도, 언어도, 학문도, 예술도 불가능하다.

셰익스피어는 역사극 《루크리스의 능욕》에서 다음과 같이 시간을 묘사했다.

민첩하고 교활한 파발마, 근심의 전달자,

추한 밤의 친구이자 꼴불견인 시간이여.

너는 청춘을 좀먹는 자, 거짓 즐거움의 못된 노예이며,

슬픔을 구경하는 천박한 자, 죄악을 짊어진 말이며,

미덕의 올가미다.

은유는 우리의 일상적 삶 — 단지 언어뿐 아니라 사고와 행위 — 에 널리 퍼져 있다. '빨리 빨리' 문화에 익숙한 현대 한국인들에게

'시간은 금이다'라는 말만큼 직접적으로 와닿는 은유는 없을 것이다. '시간은 소중하다'라고 직접적으로 이야기하는 것보다 살짝 돌려서 이야기하는 것이 사고의 무게감을 가져오는 것은 물론 또다른 상상력을 불러일으키는 마중물이 될 것이다. 이토록 우리가 생각하고 행동하는 관점을 제공하는 일상적 개념 체계는 근본적으로 은유적이다.

③ 귀추: 가설 중심의 지르기

마지막으로 귀추법이다. 귀추법이란 연역법이나 귀납법과 같은 논리적 추론 형식 중 하나로, 주어진 관찰과 사실로부터 시작해서 가장 그럴듯한 최선의 설명을 도출하는 방법이다. 쉽게 말하면, 가설 중심의 문제 해결 방식과 유사하다.

일찍이 아리스토텔레스는 귀납법이나 귀추법이 객관적 지식에 가까이 접근하게 해주는 추론 형태라고 주장했는데, 귀추법의 의미가 두드러지게 나타난 것은 19~20세기의 철학자 찰스 샌더스 퍼스가 관찰한 사실을 설명하기 위해 귀추법을 사용하면서부터다.

퍼스의 〈연역, 귀납, 그리고 가설〉에 의하면, 어떤 특정한 현상들이 관찰된 후에는 그 현상들을 설명하기 위하여 다양한 가설들이 제시된다. 이 가설들은 그 이후 현상과 사실에 의거하여 참 혹은 거짓이 가려진다. 이 과정에서 다른 가설들보다 더 성공적인 가설이 받아들여지거나 향후 더 그럴듯한 가설에 의해 현재 받아들여진 가설이 뒤집히기도 한다. 따라서 귀추법이란 다양한 경험적인 검사와 실험을 통해 가설들을 제거해가는 동시에 가장 그럴듯한 최선의 설명 방식을 찾아가는 과정이라고 볼 수 있다.

창의와 혁신적 사고에 익숙한 사람들은 본인들이 인식을 하든 못 하든 퍼스가 말한 귀추 논리의 세계 속에서 살고 있다. 그들은 언제나 적극적으로 새로운 데이터를 찾고, 사람들이 이미 받아들인 설명에 도전하며, 가능성 있는 새로운 세계를 추측한다.

스티브 잡스는 아이폰의 둥근 모서리를 반대하는 이들을 설득하기 위해 도로 교통 표지판은 물론 주변에 모서리가 둥근 물건들을 모조리 골라 보여줬다. 잡스는 휴대폰 모서리가 둥글어야 소비자들이 안전하게 느끼며 편안하게 사용할 수 있을 것이라는 현재 상황에서 가장 그럴듯한 최선의 가설을 입증하기 위해서 노력한 것이다.

혁신적인 사람들의 사고방식을 하나하나 뜯어보면, 현재의 데이터와 경험에 근거하여 가장 그럴듯한 최선의 가설을 지르는 대담한 귀추법이 사고의 밑바탕에 깔려 있었다. 귀추법에 익숙하지 않은 사람들에게 그들의 능력은 매우 비범하고 대단해 보이기 마련이다. "미지의 것은 모두 훌륭해 보인다"라는 고대의 격언처럼 말이다.

눈으로, 귀로, 그리고 몸으로 독서하라!

앞서 언급한 유추법, 은유법, 귀추법 사용 능력을 키우기 위해서는 관심 분야에 대해서 방대한 데이터와 경험을 차곡차곡 쌓아야 한다. 이를 위해서는 평소 재미있거나 새로운 정보를 정리하는 습관이 필요하다. 작가(혹은 강사), 출처(언제 혹은 어디서)와 해당 문구, 관련 키워드 등으로 정리하면 충분하다.

그렇다면 어디에서 콘텐츠와 지식을 구할까? 서적, 신문 기사 등 활자로 찍힌 내용과 강의 내용, 유튜브 동영상 등은 훌륭한 소스다. 또한 술자리에서 만난 '개똥철학자'들의 촌철살인 같은 코멘트, 새로운 여행지에서 보고 듣고 느낀 것들 역시 기록해놓으면 언젠가는 요긴하게 써먹을 수 있는 훌륭한 재료가 될 것이다.

창의와 혁신을 위해서는 모방과 조합 과정이 필수다. 하지만 모방과 조합 과정 이면에 유추, 은유, 귀추의 사고 과정이 작동해야 한다. 이러한 사고 과정이 없는 모방과 조합은 다른 사람들을 감탄하게 하는 창의와 혁신으로 연결될 수 없다. 그리고 유추, 은유와 귀추의 사고 과정을 강화하기 위해서는 꾸준히 데이터와 정보, 지식을 축적하고 반성적으로 사고하는 등 부단한 노력이 필요하다.

법칙 15

근본을 짚어라!
그래서 뭐? 도대체 왜? 그런데 어떻게?

여기 당신의 업무 능력을 업그레이드해줄 마법과 같은 질문 기법이 있다. 세 가지 의문사의 마법을 소개한다.

첫 번째 마법의 질문,
So what?

"So what(그래서 뭐)?" 굳이 한국어로 표현하자면 '그래서 뭐가 어떻다는 건데?' 혹은 '그래서 하고 싶은 말이 뭐야?' 등으로 변환이 가능한데, 언어의 효율성 차원에서 영어 그대로 쓰는 경우가 더 많다.

주니어 컨설턴트 시절의 나는 리서치 결과에 등장한 수많은 팩트들을 요약하고 정리하는 데 급급했다. 하지만 이러한 경험은 나만의 문제는 아닐 것이다. 대부분의 사람들에게 있어 새로운 주제를 처음 접하는 것은 언제나 오랜 시간을 요하는 고된 작업임이 분명하다. 더 나아가 시장 상황이 어떻게 변화하고, 고객사의 전략은 어떠한지, 경쟁 상황은 어떻게 흘러가는지 등을 파악하다 보면 마치 위키피디아의 긴 설명 글처럼 끝없는 팩트의 향연으로 끝나는 경우가 허다하다. 이럴 때마다 나 자신에게 경종을 울리며 업무 방향을 잡아주는 질문이 바로 'So what'이다.

리서치를 하든 인터뷰를 하든, 모든 업무의 중심에서는 '이 분석 작업을 해서 무엇을 얻으려고 하는지', '시사점이 무엇인지'를 끊임없이 자문해야 한다.

예를 들어 '대한민국의 성제성장률은 향후 5년간 2퍼센트 미만으로 저성장 국면에 접어들 것이다'라는 분석에서 'So what'은 무엇일까?

'대한민국은 향후 저성장 국면에 처할 것이니, 이머징 국가로 투자처를 다변화하라'거나 '대한민국은 향후 저성장 국면이 될 것이니, 내수보다는 수출지향적 산업구조로 재편하라' 같은 식으로 문장을 재구성한다면 'So what'이 살아날 것이다.

팩트만 던지고 끝내는 것은 무책임한 일처리일 수 있다. 상대방에게 시사점을 주고자 노력해야 하며, 변화의 방향을 제시할 수 있도록 한 걸음 더 앞서가는 사고가 필요하다.

두 번째 마법의 질문, Why?

"무언가 주장하기에 앞서 스스로에게 세 번 'Why(왜)?'라고 물어봐야 한다. 스스로의 질문에 자신 있게 대답할 수 없다면 고객사에게 어떻게 논리적 주장을 전달할 수 있겠는가?"

BCG에서 첫 번째 프로젝트를 진행할 때 K 팀장이 준 조언이다.

일반적으로 'Why' 질문을 던지면 추상적인 대답이 도출된다. 따라서 보다 창의적이고 유의미한 대답을 원할 경우 'Why'를 여러

번 사용하는 것이 바람직하다.

"고객은 이번 신상품에 대해서 폭발적으로 반응할 것입니다."

이 주장에 대해서 어떤 'Why'로, 즉 어떤 질문으로 논박할 수 있을까?

"이번 신상품이 기존 상품과 왜 다르다는 거죠?"

"이번 신상품이 경쟁사 신상품과 왜 차별화되나요?"

"과거에 유사한 사례가 있었는데, 이번 신상품이 그들과 왜 다르죠?"

이러한 예상 질문에 대한 대답을 미리 맛보기로 보여주며 상대를 설득하는 것이 훨씬 유리하다. 화자가 'Why'를 이미 충분히 고려했음을 보여주는 것만으로도 논리적인 도전을 질반 이하로 경감시킬 수 있다.

"이번 신상품은 전부터 문제로 지적되어온 소음 문제를 50퍼센트 이상 획기적으로 경감시켰고, 경쟁사 대비 30퍼센트 이상 성능이 개선되었으며, 더 나아가 과거 미국 시장에서 유사한 상품이 폭발적인 성장세를 보인 것을 봤을 때, 한국에서도 폭발적인 소비자 반응이 예측됩니다."

어떠한가? 조금 더 설득력이 있는가?

세 번째 마법의 질문,
How?

"정 과장의 슬라이드는 다 좋은데 말이야. 'How(어떻게)?'가 부족해. 그래서 결국 뭘 어떻게 실행해야 한다는 건지가 잘 보이지 않아."

LG전자에서 수행했던 두 번째 프로젝트에서 B 상무로부터 받았던 피드백이다. 보고서의 논리적인 전개에 몰입하다 보면, 실행 방안에 대한 현실감각을 잊곤 한다. 아무리 반짝거리는 전략기획이라 하더라도 실현되지 않으면 '빛 좋은 개살구'에 불과하다는 사실을 망각하는 것이다.

일반적으로 'How'를 던질 경우 조금 더 구체적인 대답이 돌아온다. 따라서 뚜렷한 가설을 검증하기 위한 구체적인 진술이 필요할 경우에는 'How'를 사용하는 것이 바람직하다.

스스로 결과물에 'How'를 던져보자. 구체성이 결여된 부분과 실현 가능성이 약한 부분들이 감춰졌던 모습을 드러낼 것이다.

사다리 타기
기법

　　　　　지금까지 이야기한 세 가지 마법을 활용하여 질문을 던지는 사다리 타기 기법을 소개하겠다. 이는 머릿속으로 사다리를 오르내리면서 세 가지 질문을 던지는 이미지 트레이닝 기법이다.

　당신은 지금 사다리 중턱에 올라 있다. 저기 아래에 그토록 궁금해하던 연구 대상이 있다고 가정해보자. 지금 높이에서는 희미하게 보이지만 조금 더 가까이 내려가면 아직 보이지 않는 무엇인가가 보일 것 같다.

　이제 사다리 타기를 시작해보자. 사다리를 타고 내려가는 것은 구체적이고 실현 가능한 아이디어를 위한 것으로 'How' 질문을 따라 움직이는 것이다. '과연 어떻게 실현할 수 있을까?'라는 질문으로 대상을 보나 자세히 들여다보면, 조금 더 구체적이고 현실성을 갖춘 아이디어가 도출될 것이다.

　반면, 사다리를 타고 올라가는 것은 보다 추상적이고 창의적인 아이디어를 얻기 위한 것으로서 'Why' 질문을 그 동력으로 활용한다. '도대체 왜 그런 거지?'라는 의심을 품고 사다리를 타고 올라가다 보면 지엽적인 관점에서는 보이지 않았던 한 단계 높은 철학적 진리와 창의적 아이디어가 눈에 띌 것이다.

자, 이제 'So what?'을 활용할 차례다. 사다리를 반복해서 오르락내리락하는 중간에 한 번씩 쉬어가 보자. 허리를 쭉 펴면서 먼 산을 바라보는 느낌으로 '지금까지 관찰한 것들이 도대체 무슨 의미일까?'라는 질문을 던져보자. 문제에 몰입하여 놓쳤던 근본적이고 중요한 부분을 다시금 돌아볼 수 있는 심정적 여유가 생길 것이다.

이처럼 세 가지 질문을 마음속에 품고 사다리를 타다 보면 처음에는 희미했던 문제가 보다 뚜렷해지는 상쾌함을 경험할 수 있을 것이다.

앞서 소개한 세 가지 질문 기법에는 엄청난 노력과 대단한 준비가 필요하지 않다. 당장 오늘부터 하나둘씩 시도해보자. 처음에는 스스로에게 묻고, 점차 직장 동료에게 사용해보자. 처음에는 다소 어색할 수도 있지만 곧 놀라운 결과들이 일어나는 마법을 경험할 것이다.

리더가 되고 싶다면
먼저 훌륭한 팔로어가 돼라

LG전자에 근무하던 시절이었다. 앞서 이야기한 것처럼 우리 팀은 여러 컨설팅 회사에서 컨설턴트로 근무했던 사람들이 6~7명 모인 특수한 조직이었다. 컨설팅 회사에서 근무했던 경력은 보통 일반 회사 근무 경력 대비 두세 배 정도의 가중치를 부여받는다. 예를 들어 컨설팅 회사 경험이 3년이면, 대기업에서는 6~9년 정도로 인정받는다는 것이다. 이에 따라 모든 인력들이 나이와 연차에 비해 상대적으로 높은 직급을 부여받았다.

그러다 보니 두 가지 문제가 생겼다. 먼저 다른 부서와 보이지 않는 갈등이 있었다. 굴러온 돌이 박힌 돌의 심기를 건드리는 형국이니 대다수를 차지하는 박힌 돌이 '외인 부대'를 곱게 볼 리 없었다.

두 번째는 굴러온 돌들끼리도 직급과 연차가 갈리게 되어 서로 갈등을 일으킬 소지가 존재했다. 예를 들어 당시 우리 부서에는 나보다 여섯 살 많은 선배가 세 명 있었다. 나이와 연차가 동일한데 한 명은 부서 전체를 총괄하는 부장으로, 두 명은 바로 직속 차장으로 근무하게 된 것이다. 이 두 명의 차장은 부장과의 관계에서 매우 다른 입장을 보였다.

먼저 S 차장은 부장과 대립각을 세우는 스타일이었다. 서로 다른 컨설팅 회사 출신이다 보니 서로 익숙한 접근 방법이 달랐고, 나이와 연차가 같다 보니 보이지 않는 경쟁에 불꽃이 튈 지경이었다. 가끔은 감정 싸움으로 치달아 몇 주, 몇 달 동안 팀 전체 분위기를 엉망으로 만들기도 하였다.

이에 반해 M 차장은 부장을 최대한 존중하고 합의를 이끌어나가는 스타일이었다. 때로는 부장이 무리한 요구를 하는 경우도 있었으나, 언제나 큰 불평 없이 합리적으로 이를 해결해나갔다. 어찌 됐든 일이 되게 하는 능력에 있어서는 타의 추종을 불허했다.

두 차장의 운명은 어떻게 바뀌었을까?

S 차장은 얼마 지나지 않아 퇴사하였고, 회사를 두세 번 더 옮긴 후 여전히 부서원으로 근무하고 있다. 어쩌면 지금도 상사인 부서장과 대립각을 세우며 하루하루를 보내고 있을지도 모른다. 반면 M 차장은 회사의 핵심 부서로 이동하여 승승장구하며 커리어를 차분히 쌓아갔다.

섬김의
미학

두 사람 간의 차이가 보이는가? 핵심은 윗사람을 얼마나 진심으로 모시는지의 차이다.

영국의 유명한 정치가이자 존경받는 작가였던 마혼 경은 이렇게 말했다.

"위대한 사람은 언제나 순송할 준비가 되어 있다. 자신의 지휘 능력은 나중에 언제든 증명할 수 있기 때문이다."

지금 이 순간에도 자신의 진가를 인정받지 못해 분노하는 '천재' 부하들을 우리는 쉽게 발견할 수 있다. 그들은 자신이 존경하지 않는 상사가 시키는 불합리하고 비효율적인 일에 매일매일 실망한다.

하지만 생각을 약간 다르게 하면 이는 결코 실망하거나 분노할 일이 아니다. 누군가의 밑에서 일하는 것은 직장 생활을 시작할 때 겪는 매우 자연스러운 단계이며, 이를 통해 많은 걸 경험하고 배울 수 있기 때문이다.

첫 직장을 얻거나 새로운 조직에 들어갔을 때에는 자발적으로 팔로어가 되어야 한다. 무작정 다른 사람에게 복종하고 아첨을 하라는 것이 아니다. 그저 다른 사람들이 잘될 수 있도록 자발적으로 도우라는 것이다. 다른 이들이 그림을 그릴 수 있는 캔버스를 마련해주라는 뜻이다. 내 위에 있는 사람들을 위해 길을 열어주는 것이 곧 나를 위한 길을 만들어가는 것임을 명심해야 한다.

리더가 되기 위해서는 먼저 부하 직원으로서 역할을 제대로 해야 한다. 부하 역할을 잘하지 못하면서 좋은 리더가 되는 경우는 드물다. 실제로 리더로 일하는 기간보다 부하로 지내야 하는 시간이 더 많다. 그래서 리더십 못지않게 팔로어십도 중요하다.

팔로어십은 리더의 의중을 잘 이해하고 구체적으로 실행하는 능력, 즉 부하 노릇을 잘하는 능력이다. 부하 노릇 하는 게 뭐 대단하다고 그걸 공부해야 하나 싶겠지만, 성공한 리더들은 대개 먼저 훌륭한 팔로어십을 발휘한 사람들이라는 걸 생각하면 팔로어십의 중요성을 아무리 강조해도 지나치지 않다.

우리들에게는 임진왜란을 일으킨 '나쁜 놈'이지만 일본인들에게는 영웅으로 칭송받는 도요토미 히데요시는 팔로어십을 잘 발휘한 인물로 꼽힌다. 키가 작고 인물이 변변치 않았던 그는 오다 노부나가 밑에서 일하면서 그의 비위를 맞추고 모시는 데 헌신을 다했다. 추운 겨울에는 오다 노부나가의 짚신을 가슴에 품어 '인간 난로'를 자처했고 오다 노부나가에게 원숭이처럼 못생겼다고 놀림 받아도 호탕하게 웃어넘기며 그에 대한 존경심을 놓지 않았다.

철학자 아리스토텔레스는 '남을 따르는 법을 알지 못하는 사람은 좋은 지도자가 될 수 없다'고 했다. 아무리 능력과 자질이 특출한 리더도 팔로어들이 마음을 열고 따르지 않으면 제대로 조직을 이끌고 갈 수 없다. 즉 리더십과 팔로어십은 동전의 양면, 수레의 두 바퀴에 비견되는 중요한 관계인 것이다.

누군가를 진심으로 섬겨본 적이 있는가? '존경할 만한 사람이 부족해', '믿고 의지할 만한 리더가 없어'라고 불만만 갖지 말고 현재 보스의 장점을 긍정적으로 바라보자. 그리고 그가 성공적인 커리어를 이어갈 수 있도록 적극 지원하고 도와보자.

오늘날의 조직은 생각보다 단순하지 않다. 모든 공과를 리더가 다 가져가는 시대는 끝났다. 리더의 성장이 결국 팔로어의 성장이 된다는 점을 명심하자.

아래를 향한
리더십을 갖춰라

"선배, 팀장이 되고 나서 가장 어려운 점이 무엇인가요?"

남대문 건너편에 본사를 둔 한 금융그룹의 중장기 전략 프로젝트를 하던 시절이었다. 회사 뒷골목에서 오랜만에 S 선배와 술자리를 가지며 물었다.

나는 학부를 졸업하고 BCG에 바로 들어왔고 선배는 오랜 회사 경험을 거친 후 미국에서 MBA를 마치고 입사하였기에 나이와 연차는 차이가 나지만 회사에 들어온 시점은 동일하였다. 얼마 전 팀장으로 승진한 그에게 팀원으로서 근무하던 시절과 팀장으로 근무하던 당시의 가장 큰 차이점이 무엇인지 궁금했다.

"프로젝트 전체를 총괄해야 하는 부담감, 파트너들과의 커뮤니케이션 등 모든 점이 어렵지만… 가장 힘든 것은 팀원들을 내 사람으로 챙기는 거야.

업무 일정에 맞춰 기계적으로 팀을 이끌다 보면 관계가 소원해지고, 친하게 대하다 보면 업무 기강이 해이해지기 때문이지. 둘 사이의 균형을 맞추는 것이 가장 중요한데 이게 말처럼 쉽지가 않네."

벼는 익을수록
고개를 숙인다

직장인들은 상위 직급으로 올라갈수록 아래를 내려보기보다는 위를 바라보며 앞으로 달려나가기 십상이다. 하지만 지금의 나를 있게 해준 것은 윗사람들이 아니라 후배와 부하 직원들이었음을 잊어서는 안 된다. 벼가 익을수록 고개를 숙이듯, 경력이 길어지고 직급이 오를수록 자신의 몸을 낮추고 나보다 직급이 낮은 사람들을 먼저 이해하려는 공감 능력이 더욱 중요하다.

아래를 향한 리더십은 직급이 낮은 사람들을 보스 이상으로 존

중하고 배려하는 공감 능력에서 출발한다. 세계 각국의 7만5,000
여 명을 대상으로 조사한 결과, 존경받는 리더의 여러 특성 가운데
배려심과 협동심, 희생 정신 같은 요소가 가장 높은 점수를 받았
다. 미국의 한 바이오 기업을 대상으로 한 설문조사에서는 매너 있
는 사람들이 무례한 사람들보다 리더로 간주될 가능성이 두 배 이
상 높았고 실적 또한 13퍼센트 높았다.

'포수 리더십' =
아래를 향한 리더십의 모범 답안

　　　　　　그렇다면 아래를 향한 리더십을 갖출 수 있는
구체적인 방법이 존재할까? 그 해답은 야구의 여러 포지션 중 포
수에서 찾을 수 있다. LG경제연구원이 2009년 발간한 보고서 〈포
수 리더십〉의 내용에 주목해보자.

　투수나 유격수에 비해 포수는 겉으로 화려해 보이지 않는다.
그러나 감독에게 좋은 포수의 존재는 무엇과도 바꿀 수 없을 정도
로 중요하다. 포수는 전체 야수들을 바라보면서 경기하는 유일한

포지션이다. 투수를 포함한 8명의 야수가 모두 상대 타자의 방망이 끝만 바라보고 있을 때 포수는 그런 동료들의 움직임을 전체적으로 관찰한다. 마치 다수의 구성원들을 동시에 바라봐야 하는 조직의 리더와 같다.

좋은 포수의 제1 조건은 넓은 시야다. 포수는 최소한 다섯 군데를 동시에 볼 수 있어야 한다. 첫째, 투수와 항상 눈빛을 맞추고 있어야 한다. 둘째, 감독의 사인을 지속적으로 확인하고 투수와 수비수들에게 전달하려면 벤치도 바라봐야 한다. 셋째, 타석에 들어서는 타자의 움직임도 놓쳐서는 안 된다. 작은 몸짓과 표정에서 허점을 찾아내야 하기 때문이다. 넷째, 누상에 나가 있는 상대 팀 주자의 움직임도 추적하고 있어야 견제 사인을 내거나 도루를 저지할 수 있다. 마지막으로 그라운드에 퍼져 있는 우리 수비수의 위치도 수시로 파악해야 한다. 이 밖에도 상대 팀의 벤치와 주루코치, 그리고 심판도 수시로 살펴야 하는 대상이다.

제2 조건은 심리술이다. 팀을 승리로 이끄는 포수들은 심리를 잘 활용한다는 공통점이 있다. 포수는 투수의 심리 상태에 따라 가장 편안하게 호흡을 맞추어 주어야 한다. 또한 타석에 들어서는 상대 타자의 작은 숨소리나 습관적 몸짓에서 심리 상태를 간파하고 이를 역이용할 줄 알아야 한다. 여기에 더하여 심판의 스트라이크

존 판정 성향을 미리 파악하여 볼 배합을 제시하는 시야도 갖춰야한다. 심리 활용에 능한 포수가 팀 승리의 주인공이 되는 건 결코우연이 아니다.

제3 조건은 희생정신이다. 포수는 야구에서 가장 힘들고 고단한 포지션이기에 고도의 희생정신이 요구된다. 포수는 얼굴에 마스크를 쓰고 4kg이 넘는 보호 장구를 몸에 두른 채로 일어섰다 앉기를 수백 번씩 반복한다. 평균 네 시간 가까이 진행되는 경기에더운 여름철이면 보호 장구 속에서 한증막을 체험하기 일쑤다. 홈으로 쇄도하는 주자를 태그아웃시키려면 온몸으로 저지해야 하며이때 부상의 위험도 가장 높다.

리더가 아닌데 어떻게 리더십을 미리 배울 수 있는지 궁금하다면 포수에게서 힌트를 얻어야 한다. 특히 부하들과의 관계가 어려운 리더라면 포수와 같이 낮은 자세에서 자신을 기꺼이 희생하는리더십을 진지하게 고민해야 한다.

리더의 성공은
부하의 성공으로 측정된다

아래를 향한 리더십을 갖춘 리더들은 개인의 성공보다 부하의 성공을 최우선 과제로 삼는다. 후배와 부하들이 더 발전하고, 본인보다 더 많은 성과금을 받고, 회사에서 좋은 평가를 받을 수 있도록 적극 지원해준다. 그러면 자신의 성공은 자연스럽게 결과적으로 따라올 것이다. 반면 자신의 성공을 우선시하고 부하의 성공을 등한시하며 부하를 단순히 기계 부속품처럼 취급하는 상사는 직장 생활의 말로가 좋지 않을 것이다. 왜냐하면 리더의 성공은 부하의 성공의 총합이라고 표현할 수 있을 만큼 리더와 부하의 성공 사이에는 매우 높은 수준의 상관관계가 존재하기 때문이다.

작은 팀을 이끄는 팀장이든, 큰 회사를 경영하는 CEO든 지위 고하에 상관없이 리더 역할을 맡은 사람은 매일 매 순간 다음 질문을 가슴속에 새겨야 한다.

"내가 내일 당장 회사를 떠나 다른 회사로 이직한다면, 나를 따라 회사를 옮길 후배가 몇 명이나 있는가?"

극단적인 예시이긴 하지만 조직 내 진정 나를 따르고 운명공동체로 함께 걸어갈 후배가 몇 명인지 헤아려보자. 이러한 운명공동체를 세 명 이상 두었다면 꽤나 성공적인 직장 생활을 했다고 볼 수 있다. 단순히 직장을 같이 옮기는 것을 넘어서 그 사람의 인생과 역사와 운명을 통째로 당신과 함께하는 것이기 때문이다.

법칙 18

작은 성공으로
스스로를 격려하라

LG전자에 근무하면서 MBA 진학을 준비하던 시절이었다. 학생 시절에는 대부분의 시간을 공부에만 할애하면 되었지만 직장인으로서 일하며 공부를 한다는 것은 생각보다 쉽지 않았다. 원하는 점수가 나오지 않을 경우에는 좌절했고, 몇 번의 좌절을 겪으며 슬럼프에 빠진 나 자신을 발견했다.

작은 성공을 향한
이정표 세우기

어느 날 점심, 같은 부서에 근무하던 K 차장과 차 한잔을 나누며 MBA에 관련하여 이런저런 이야기를 나눴다. K 차장은 컬럼비아대학교 MBA를 마치고 베인앤드컴퍼니에서 컨설턴트로 근무한 경험이 있어 내가 롤모델로 삼던 분이었다.

"정 과장, MBA를 지원하는 것은 단거리 경주라기보다는 마라톤이야. 최소 6개월은 잡아야 하고, 길면 1~2년이 걸릴 수도 있어. 초조하게 생각하면 쉽게 지치고 성공하기 어려운 멀고 먼 항해라고 할 수 있지.

따라서 원하는 MBA 프로그램에 합격하는 최종 목적까지 도달하기 전에 중간중간 거둘 수 있는 작은 목표들을 설정해봐. 예를 들어 GMAT 문제를 하루 20개씩 풀기, 토플 단어를 하루 20개씩 외우기,《이코노미스트》지문을 일주일에 두 개씩 정독하기, 한 달에 에세이 한 개씩 마무리하기, 타깃 스쿨 출신의 선배와 한 달에 한 번씩 만나서 조언 듣기 등 매일 혹은 매주 매달 찾아오는 작은 이벤트들을 이정표로 삼아봐.

더 중요한 것은 작은 목표들을 달성했을 때에는 그 기쁨을 충분히 만끽해야 하고, 실패했을 때에는 이유를 철저히 분석해서 다음 목표 수립에 활용해야 해. 만약 실패 이유가 과도한 목표 때문이었다면 해결책은 간단해. 더 작고 낮은 목표로 세분화하여 작은 성공을 거둘 수 있도록 디자인하는 거야.

다시 말하지만, 작은 성공이 하나둘씩 쌓일수록 최종 목표에 도달할 가능성은 더욱 커질 거야."

K 차장은 작은 성공을 만끽하고 축적하는 의식적인 노력을 강조하였다. 이는 크게 두 가지 측면에서 유용하다.

우선 최종 목적까지 세부적으로 길 안내를 해주는 훌륭한 내비게이션을 제공해준다. 깊은 산속 오솔길에 떨어진 빵가루를 따라가다 보면 사람들이 사는 마을을 만날 수 있듯 작은 성공이라는 물방울은 최종 목적 달성이라는 큰 샘물로 이어지는 길이라는 점에서 의미가 크다.

둘째, 성공했다는 감정적 보상을 지속적으로 제공함으로써 자신감과 함께 긍정적 마음가짐을 불러일으킨다. 당신은 살아가면서 하루에 몇 번 타인으로부터 칭찬을 받는가? 한 번도 칭찬받지 못하는 날이 많을 것이다. 자신에게 스스로 작은 칭찬을 선물하자. 제왕의 대관식처럼 화려할 필요는 없지만, 자기 마음속 제복에 훈장을 하나씩 달아주는 '나 혼자만의 작은 파티'는 자긍심에 큰 날개를 달아줄 것이다.

작은 성공을 위해서는
상상 이상으로 작게 시작해야 한다

성공 가능성을 높이기 위해서 작게 시작하는 것은 비단 개인에게만 해당하는 것은 아니다. 우리가 익히 들어 알고 있는 세계적 기업들도 사업 초기에는 철저히 작은 영역에서 성공을 만끽하며 몸집을 키워왔다. 페이팔을 설립하여 세계적인 기업가이자 투자가로서 명성을 날리고 있는 피터 틸은 그의 저서 《제로 투 원》에서 다음과 같이 이야기한다.

모든 스타트업은 아주 작은 시장에서 시작해야 한다. 너무 작다 싶을 만큼 작게 시작하라. 당연하게도 큰 시장보다 작은 시장을 지배하기가 더 쉽기 때문이다. 큰 시장은 좋은 선택이 아니다. 틈새시장을 만들어내 지배하게 되었다면 그때 좀 더 넓은 시장으로 서서히 사업을 확장해야 한다. 성공한 회사들은 특정 틈새시장을 지배하고 인접 시장으로 확장하는 계획을 창업 단계에서부터 세운다.

페이스북은 처음 등장할 때 하버드대학교 재학생 1만2,000명
만을 대상으로 했지만 단숨에 시장 점유율 60퍼센트를 달성했고,
아마존 역시 처음에는 책만 판매하면서 성장했다.

나에게 일어난
멋진 일들

그렇다면 작은 성공을 만끽하기 위해서 어떻
게 해야 하는가? 두 가지 방법이 있다. 먼저 팀 페리스가 저서《타
이탄의 도구들》에서 소개한 방법이다.

어느 날 여자친구가 나에게 투명한 병 하나를 선물하였다. 병에는
'나에게 일어난 멋진 일들'이라는 글귀가 적혀 있었다.

"당신에게 좋은 일들이 일어날 때마다 종이에 적어서 여기에 넣어
봐요."

매일 어떻게 하면 성과를 올릴 수 있을지에 대해서만 골몰하는 내

가 보기에 딱했던 모양이었다. 선물로 받아놓고 처음엔 심드렁했다. 하지만 선물을 준 그녀에 대한 예의가 아닌 것 같아, 짜릿한 흥분이나 기쁨을 제공하는 일이 생길 때마다 그 내용을 간단히 종이에 적어 병에 넣기 시작했다. 그리고 얼마 후 내 일상은 몰라보게 활기에 넘치기 시작했다.

멋진 일을 머릿속에만 저장해두면 3개월을 넘기지 못한다. 우리는 불과 석 달 전에도 멋지고 기쁜 일이 일어났다는 사실은 까맣게 잊고 다시 우울과 비관 모드에 젖는다. 이 순환을 끊는 지혜는 '작은 성공을 음미하는 것'이다.

하루하루 작고 소박한 멋진 일들, 감사한 일들을 적어서 쌓아가라. 적립해나가는 연습을 하다 보면 엄청나게 좋은 일들이 당신을 찾아갈 것이다.

하루 동안
가장 잘한 일 세 가지

작은 성공을 만끽하는 두 번째 방법은 일기장

을 활용하는 것이다. 와튼스쿨 교수인 애덤 그랜트는 일기를 쓸 때 하루 동안 가장 잘한 일 세 가지를 함께 써보라고 제안한다.

한 가지가 아니라 세 가지라고? 어렵게 느껴질 수도 있다. 하지만 여기서 말하는 잘한 일은 결코 커다란 성취를 이야기하는 게 아니다. 아침에 알람 소리를 듣고 한 번에 일어났다거나, 커피를 하루 세 잔에서 두 잔으로 줄였다거나, 부모님과 20분간 통화했다거나, 엘리베이터에 들어갈 때 다른 사람에게 길을 양보했다거나, 신입 사원을 칭찬한 것 등 사소한 일들을 기록하자. 이처럼 잘한 일을 적으면 심리학자들이 말하는 소위 '작은 승리'에 집중할 수 있으므로 유익하다고 한다.

앞서 언급한 두 가지 방법으로 작은 성공을 기록하고 만끽하는 의식을 생활화해보자. 자신감의 근육이 단단해지고 주변 사람들이 깜짝 놀랄 정도로 엄청난 긍정적 에너지가 발산될 것이다.

경력자도 모를 수 있다, 인정하라

몇 년 전 직장에서 같이 근무했던 Y는 세상 모든 것을 다 아는 사람처럼 행동했다. 낚시 얘기가 나오면 "내가 얼마 전에 낚시를 시작해서 잘 아는데 말이야…"하며 본인이 아는 깃털만큼 가벼운 지식을 늘어놓는다. 요리 얘기가 나오면 "내 와이프가 정말 음식을 잘해서 하는 말인데…"하며 본인 중심으로 이야기를 이어나간다. 운동 이야기를 하면 스포츠맨, 옷 이야기를 하면 패셔니스타, 책 이야기를 하면 '살아 있는 도서관'으로 둔갑하는 재주를 가졌다. 달나라에 어떻게 착륙하는지 물어봐도 안다고 대답할 태세다.

　무슨 말만 하면 본인이 다 안다고 하니, 처음에는 짜증이 났지만 점점 시간이 갈수록 측은한 생각이 들었다. 도대체 어쩌다가 이 사람은 '위키피디아 증후군'에 걸렸을까?

'위키피디아 증후군'을 앓는 현대인

　　돌이켜 생각해보면 이러한 모습은 비단 그에게만 해당하는 것이 아니라 현대 사회의 직장인 대부분이 겪는 '지적 압박감'이 발현한 것이 아닌가 싶다.

　모르는 것을 모른다고 하지 못하는 이유는 무엇일까? 이는 지식과 정보 중심의 교육 방식에 익숙한 한국인의 사고 체계에 기인한다. '캐나다의 수도는?'처럼 단순 정보를 묻는 질문에 언제나 올바른 대답만을 해야 고득점과 상위권 대학, 그리고 성공적인 커리어를 얻을 수 있는 사회 구조 때문에 모르는 것을 부끄러워하고 죄스러워하는 감정이 사람들의 마음속 깊이 자리하고 있다. 어떠한 질문이 던져지더라도 모르면 패배하는 구조에서 모르는 것을 인정하고 물러서는 것은 대한민국 사회에서 도태되는 지름길처럼 여겨진다.

그렇다면 과연 모르면 패배하는 것인가? 노자는 다음과 같이 이야기했다.

> "모른다는 것을 아는 것이 가장 좋다. 모른다는 것을 모르는 것은 병이다."

모르는 것을 모른다고 하는 사람은 쉽게 배울 수 있는 사람이다. 자신에게 솔직하면 배움은 당당해지고 남들이 보는 앞에서 공부할 수 있다. 하지만 모르는 것을 아는 것처럼 행동하는 사람들에게는 배움의 기회가 많지 않다. 기회가 찾아오더라도 다른 사람의 눈을 의식하기 때문에 아는 척히느라 배울 기회를 잃어버리고 만다.

모르는 걸 인정하며 다양하게 질문하라

BCG에서 같이 근무했던 동료 중 가장 성공한 친구는 누구보다 쉽게 모르는 것을 인정하는 쿨한 컨설턴트였다. 그는 모르는 것을 인정할 때 다양한 형태의 질문으로 대화를 변주

하며 지적 교류를 심화하는 노하우를 갖고 있었다.

"죄송하지만 이 부분은 잘 이해가 안 되는데 다시 한번만 말씀해주시겠습니까?"

"방금 말씀하신 것을 제가 잘 이해했는지 모르겠습니다. 결국 '신흥 시장으로의 진출이 핵심이다'라고 주장하시는 것 같은데요. 제가 제대로 이해한 것이 맞나요?"

"제가 처음 접하는 분야라서 이해가 쉽지 않네요. 제가 석사 때 전공한 전략에 빗대어 보면 결국 원가 중심 전략과 차별화 전략의 관계로 보이는데요. 조금 더 상세하게 설명해주시겠습니까?"

모르는 것을 모른다고 인정하는 용기는 대단한 한 걸음이다. 하지만 모르는 것을 인정하면서 왜 모르는지, 잘 모르지만 본인이 이해한 바는 어떠한지, 마지막으로 본인이 아는 영역과는 어떠한 관계가 있는지의 관점으로 대화를 이어가는 것은 두 걸음 나아가는 진화이다. 오늘도 누군가가 하는 질문과 대화를 모두 이해하지 못해서 전전긍긍 속앓이를 하고 있는가? 이제는 신입 사원도 아니라 대놓고 물어보지 못하고 혼자 고민을 거듭하고 있는가? 대화가 더 나아가기 전에 미리 선언해보자.

"잘 이해가 되지 않는데요. 다시 한번만 설명해주실 수 있나요?"

연차가 쌓이고 경력이 깊어질수록 모르는 것을 부끄러워하지 마라. 모르는 것을 부끄러워하는 것이 부끄러운 일이다.

법칙 20

여전히 롤모델은
필요하다

L 군을 처음 만난 것은 BCG 서울오피스에서 근무하며 국내 선도 물류 회사가 또 다른 물류 회사를 인수 합병하는 프로젝트를 진행할 때였다. 3주 안에 적정 인수 가격을 도출해야 하는 긴박한 프로젝트이다 보니 팀원들끼리 서로 친해지기도 쉽지 않았다. 그런 가운데 L 군은 나보다 1년 먼저 입사했지만 나이가 같았기에 금새 친해졌고 어느 날 점심을 같이한 후 짧은 대화를 나눌 기회가 생겼다.

"만난 지 얼마 되지 않아서 이런 말을 하기 그렇지만, 나 다음 주에 퇴사해. 퇴사하고 난 후 열심히 일했던 컨설턴트로 기억되기 위해서 휴가도 반납하고 이 프로젝트에 참여하게 되었어."

아무리 사명감과 주인의식이 투철하다 할지라도 내일모레 퇴사하는 마당에 매일 밤샘 작업이 뻔히 예견되는 인수 합병 프로젝트에 자진해서 들어왔다니 보통내기가 아닌 녀석이었다. 회사에서 처음으로 친하게 지낸 동갑내기 동료가 떠난다고 하니, 못내 아쉬운 마음에 퇴사하는 이유를 물어봤다.

"일도 재미있고, 보수도 훌륭하고⋯. 아쉬운 것을 찾기 힘든 회사임은 틀림없어. 근데 말이야. 지난 1년 반 동안 수많은 프로젝트를 통해 여러 선후배와 동료 컨설턴트들을 만나왔는데, 내가 보고 배우고 의지할 수 있는 롤모델을 찾을 수가 없었어."

그는 일주일 뒤 전 세계에서 내로라하는 투자 회사로 떠났고, 그 후 국내에서 유례를 찾을 수 없을 정도로 승승장구했다. 아마도 그 회사에서는 믿고 따를 수 있는 롤모델을 찾았으리라 생각한다.

롤모델을 만난 인물들

롤모델의 중요성을 이야기할 때 삼국지의 관우를 사모하고 추종하다 죽는 순간까지 함께 한 관평과 주창을 빼놓을 수 없다.

관평은 관우가 조조로부터 떠나 유비를 만나러 홀로 다섯 관문을 뚫고 가는 과정에서 만나 양아들로 삼은 장수이다. 의부 관우를 따라 관평은 촉나라의 수많은 전투에서 전공을 세운다. 형주를 사수하던 마지막 전투에서 위나라와 오나라의 협공 속에서도 투항하지 않고 관우를 곁에서 지키다가 함께 전사했다.

주창은 실존 인물은 아니지만 관우를 추종한 충신으로 등장한다. 주창은 원래 강호의 호걸로 산적이었지만, 우연히 관우를 만나 자신을 종으로라도 거두어달라고 애원한다. 체격이 건장하고 무예가 뛰어나 늘 관우를 시위했다. 형주 전투에서 관우가 죽자 스스로 목숨을 끊었다고 기록되어 있다.

관평과 주창은 죽는 순간에도 전혀 두려움이나 갈등이 없었다. 그의 롤모델 관우가 죽음을 받아들이는 모습을 보았기 때문이다. 관평과 주창은 따로 장수로서의 도리를 고민할 필요도, 지략을 연구할 필요도 없었다. 관우를 곁에서 바라보고 그와 대화하는 것, 그 자체가 수양이요 공부였다. 만약 관평과 주창이 살아남아서 계속 장수로 살았다면 관우 못지않은 충성스러운 용장이 되었을 것이다.

훌륭한 롤모델을 만나면, 개인의 인생을 바꾸는 것을 넘어 세상을 바꾸는 역사를 경험할 수도 있다. 오늘날까지 사람들 입에 오르내리는 소크라테스와 플라톤의 역사적인 만남을 되돌아보자.

플라톤은 아테네 출신으로 타고난 재주가 많아 젊은 시절에는 그림도 그리고 시도 쓰고 심지어 레슬링 경기에 나가기도 했다. 청년 플라톤의 꿈은 시인이 되는 것이었다. 하지만 어느 해엔가 비극 경연에 참가할 준비를 하다가 우연히 소크라테스의 강연을 듣고는 시인의 꿈을 접고 철학자가 되기로 결심한다. 그의 나이 스무 살 때의 일이다.

플라톤과 소크라테스의 만남에 관해서 재미있는 이야기가 전해진다. 어느 날 소크라테스는 새끼 백조 한 마리가 무릎 위로 올라오는 꿈을 꾼다. 그런데 그놈의 몸에서 깃털이 곧바로 자라나니 금방 다 자라 아름다운 목소리를 내며 하늘로 날아올랐다. 그다음 날 소크라테스에게 플라톤이라는 청년이 찾아왔고, 그 청년이 꿈에서 본 그 새끼 백조임을 그는 바로 알아차렸다.

그렇게 제자가 된 플라톤의 과제는 스승 소크라테스의 업적을 계승하는 것이었다. 오늘날 우리에게 알려진 소크라테스의 사상은 대부분 플라톤의 입을 통해 전해진 것들이다.

2,500년 전 동시대를 살아간 두 명의 철학자가 지금도 지대한 영향력을 행사하는 걸 보면, 롤모델이 갖는 위대함은 엄청나다고

할 수 있다.

나의 롤모델을
찾는 방법

그렇다면 롤모델을 어떻게 찾을 수 있는가? 우선 본인이 찾고자 하는 롤모델의 자격 요건을 명확히 이해하고 있어야 한다. 다음과 같이 구체적인 체크리스트로 정리해보는 방법이 있다.

롤모델 자격 요건 체크리스트의 예

학력
국내 학부에서 공학 전공, 해외 MBA 출신

경력
과거 글로벌 IT 회사 근무 경험
현 직장에서 팀장급 이상으로 근무
현 직장에서 우수한 고과와 평판
해외 주재원 근무 경험

성향
외향적, 하지만 모든 사람과 친구인 사람은 지양
말하는 것보다는 듣는 것을 좋아하는 성향
유머 감각
…

롤모델의 자격 요건을 정리했다면, 이에 부합하는 인물이 주변에 있는지 하나하나 살펴봐야 한다. 100점짜리 인물을 찾기란 쉽지 않다. 80점 이상이 되는 후보자가 나타난다면 그 또한 축복이다. 하지만 자격 요건에 부합하는 인물을 찾았다고 해서, 그들이 당연히 당신의 롤모델이 되어줄 것이라고 생각한다면 오산이다.

롤모델을 만나는 것은
운명의 영역

롤모델을 만나는 데에는 마치 연인이나 배우자를 만나는 것처럼 운명적인 장치가 필요하다. 연인과 배우자를 처음 만나게 된 순간을 떠올려보자. 이론과 논리로는 도저히 정리하기 힘든 무언가 보이지 않는 끌어당김이 있었을 것이다. 그렇다. 롤모델을 찾고 만나는 것도 운명의 영역에 있다.

한 가지 확실한 것은 운명처럼 다가오는 인연을 맞이하기 위해서 안테나를 바짝 세우고 24시간 항시 대기 모드로 정성껏 기다려야 한다는 것이다. 용기 있는 자가 미인을 얻는 것이 아니다. 현명하게 기다릴 줄 아는 자가 미인을 얻는다.

현재 속한 조직에 롤모델이 존재하는가? 그렇다면 이미 절반의 성공을 거둔 것이다.

롤모델을 찾았다면 이제부터 그를 철저히 숭상하고 추종해야 한다. 마치 방탄소년단을 사랑하는 '아미(방탄소년단의 팬클럽)'처럼 그들의 일거수일투족을 연구해야 한다. 롤모델을 연구하는 방법론으로 창업 분야에서 활용되는 '페르소나 기법'을 소개하겠다. 출발점은 다르지만 타깃 인물에 대해서 치열하게 고민하고 공감하려는 노력의 수준과 정도는 동일하다고 하겠다.

페르소나(persona: '가면'이라는 뜻의 심리학 용어)는 주요 고객을 대표하는 특정 인물을 말한다. 다시 말해 페르소나는 최종 사용자 프로파일의 요건을 가장 훌륭하게 충족시키는 잠재 고객이다. 우리의 논의에서는 당신의 롤모델이 페르소나가 된다.

당신의 롤모델은 거주 지역의 교육정책에 만족하는가? 혹시 반려동물을 키우는가? 아이폰을 좋아하는가, 아니면 갤럭시를 좋아하는가? 운동복은 나이키인가, 아디다스인가? 중국집에 가서 시키는 음식은 짜장면인가, 짬뽕인가? 탕수육은 '부먹'인가, '찍먹'인가?

당신의 롤모델과 관련된 사항을 페르소나 작성 기준에 맞춰서 정리해보자. 그리고 나서는 '7:3의 법칙'을 견지해야 한다. 롤모델이 이야기하고 행동하는 것의 70퍼센트는 맹목적으로 배우고 흡수하기 위해 노력하되, 나머지 30퍼센트의 렌즈로는 롤모델을 뛰어넘는 수준의 지식과 이해를 추구하기 위한 비판적 시각을 견지해야 한다.

지금 다니는 회사, 학교에 롤모델이 있는가? 아직 롤모델을 찾지 못한 것인가, 혹은 구석구석 뒤져도 정말 없는 것인가? 롤모델이 없는 조직은 본인에게 아무런 득이 되지 않는다. 그럴 경우 선택지는 두 가지다. 조직 밖에서 롤모델을 찾거나 조직을 떠나는 것이다.

100세 인생을 향해 가는 지금 평생을 좌우할 수 있는 롤모델을 찾으러 떠날 것인가, 아니면 현재의 직장에 안주할 것인가?

주사위는 당신 손에 쥐어져 있다.

2부___ 다시 기본을 갈고 닦아야 할 때

법칙 21

3×3×3
신문 읽기

세계적인 경영대학원인 켈로그스쿨과 인시아드의 학장을 역임했던 디팍 자인 박사가 2017년에 우송대학교 명예총장으로 부임했다.

대학생들과의 간담회에서 그는 효과적인 지식 습득 방법으로 3×3×3 신문 읽기 비법을 소개하였다. 세 개 신문을 고르고 세 개 산업을 정한 후 세 개 회사 관련 뉴스를 계속해서 정독하라는 것이다.

예를 들면 《매일경제》, 《중앙일보》, 《한겨레》를 선택한 후, IT업, 건설업, 유통소매업 등 세 개 산업을 정한다. 마지막으로 각 산업별 대표 업체를 선택한다. 예를 들면 IT업에서는 삼성전자, LG전자,

애플을, 건설업에서는 현대건설, 삼성물산, GS건설을, 유통소매업에서는 롯데백화점, 이마트, 월마트를 선택하는 식이다.

위와 같은 조합을 구성할 경우, 총 27개(3개 신문×3개 산업×3개 회사)의 뉴스를 접하게 된다. 각 뉴스를 취급하는 기자들 고유의 시각과 문체 및 표현력을 익히는 것은 덤이다.

3×3×3 신문 읽기는 세 가지 효과를 가져온다.

첫째, 해당 산업과 업체에 대해서 누구보다 자세한 정보와 인사이트를 갖출 수 있다. 3×3×3 신문 읽기를 실천하는 사람이 얼마나 될 것 같은가? 사실 이 방법이 말은 쉽지만 실천하기란 결코 쉽지 않다. 3×3×3 신문 읽기를 한 달만 해보자. 친구들이나 직장 동료들과 이야기를 나눌 때 어느 순간 본인이 가장 많은 정보와 질 높은 생각을 갖춘 전문가가 되어 있음을 깨달을 것이다.

둘째, 구조화하여 요약하는 연습을 하는 데 매우 훌륭한 방법이다. 매일매일 새로 접하는 소식을 노트와 일기장에 차곡차곡 정리한다는 것은 결코 녹록지 않은 작업이다. 읽었던 내용을 그대로 요약해서 정리하는 것은 초보들이 하는 방식이다. 전체 내용을 관통하는 핵심 테마 혹은 주제를 정한 후 주제에 걸맞는 내용을 중요 항목으로 요약해야 한다. 요약할 때 한 줄이 넘지 않아야 하며 본인의 생각을 첨가하는 것 역시 훌륭한 방법이다.

셋째, 서로 다른 색깔을 보이는 신문사의 조합을 통해 균형 잡힌 시각을 갖출 수 있다. 앞서 필자가 권유했던《매일경제》,《중앙일보》,《한겨레》의 조합을 생각해보자. 경제지에서 하나를 선택했으며, 주요 일간지 중 대형 일간지 하나와 중소 일간지 하나를 선택했다. 세 신문사는 같은 뉴스를 표현할 때에도 서로 다른 논조와 뉘앙스를 가질 것이다. 따라서 팩트와 주장을 명확히 구분하여 소화하는 독해력이 매우 중요하다.

신문 읽은 후
되새김질

신문을 읽고 나서는 반드시 스스로 정리하는 '되새김질' 과정을 거쳐야 한다. 본인이 운영하는 블로그나 페이스북에 글을 남기거나 잠들기 전 일기장에 내용을 간단히 적는 것은 매우 좋은 습관이다. 혹은 점심시간이나 저녁시간에 해당 기사를 화제로 주변 지인들과 이야기를 나누는 것도 훌륭한 방법이다. 본인이 생각하는 내용을 구조화하여 정리하여 상대방에 전달하는 것만큼 효과적인 되새김질은 없다. 더 나아가 상대방의 피드백과 의견을 들을 수 있으니 일거양득이다.

바쁜 일상을 살아가는 현대인들이 3×3×3 신문 읽기를 완벽하게 수행하기는 매우 어렵다. 하지만 틈틈이 시간을 내어 시도해보자. 본인도 모르는 사이에 점차 변화해가는 자신의 지적 능력에 감탄하게 될 것이다.

다시
일기장을 펴라

나는 가끔 어린 시절 공부하던 책상에 앉아 서랍 속 일기장을 꺼내 보곤 한다. 서툰 문장과 어색한 표현, 삐뚤빼뚤 써내려간 기록이지만 당시의 나를 이해할 수 있는 훌륭한 기록이다. 인상 깊은 점은 일기의 내용이 길어지고 일기를 자주 쓴 때일수록 인생의 주요한 변화와 성취를 얻었다는 점이다. 반장을 맡았던 때나 고등학교에 진학할 때처럼 중요한 터닝 포인트 전후에는 당시의 감정과 생각을 치열하고 빼곡하게 적곤 했다.

이는 나만의 경험이 아닐 거다. 무언가를 기록하면서 삶을 반추하고 미래를 꿈꾸는 자세는 인류 역사를 관통하며 지속적으로 반복되어온 행위이다. 우리가 익히 들어 알고 있는 일신우일신(日新又日新)이라는 명언 역시 비슷한 맥락에서 출발하였다.

상나라에는 사람이 목욕을 하거나 세수할 때 사용하는 반(盤)이라는 큰 그릇이 있었다. 오늘날 세숫대야나 욕조에 해당한다. 탕(湯) 임금은 몸의 때를 벗겨내는 긴 시간을 그냥 흘려보내지 않고 생각을 정리하기 위해 반에다가 글귀를 새겼다. "진실로 하루라도 새로워지려면 날마다 새로워지고 또 날로 새로워져야 한다(苟日新 日日新 又日新)"는 말은 이렇게 탄생했다.

탕이 세숫대야에 새긴 글을 반명(盤銘)이라고 한다. 그 뒤로 새겨두고 스스로 다짐하는 글귀를 좌우명(座右銘)이라고 불렀다. 흔히 시험 기간이 되면 책상 머리맡에 '꿈을 크게 가져라. 깨져도 그 조각이 크다' 등의 글귀를 새기는 풍경을 볼 수 있는데 이것도 일종의 좌우명이다. 이러한 짧은 기록은 자신의 과거와 현재를 되돌아보고 미래의 이정표를 새기는 중요한 의식인 것이다.

인간은 기록하며
삶을 사유하는 존재

일기가 반드시 매일의 일상을 기록하는 형식일 필요는 없다. 가끔은 그림 한 점을 남겨도 되고, 가끔은 신문이나 책에서 인상 깊게 읽은 글귀를 적는 것으로 마무리해도 된다. 누군가에게 부치지 못할 편지 형식도 좋다. 감성이 충만한 가을밤에는 시를 적으며 하루를 마감하는 것도 나쁘지 않다.

시로 일기를 대신한 인물로 윤동주 시인을 꼽을 수 있다. 윤동주 시인은 작품을 남기면서 창작 연도와 월, 종종 일자까지 자세히 기록했다. 마치 일기를 쓰는 것처럼 말이다.

연희전문학교 2학년 2학기를 앞두고 여름방학에 쓴 시 〈자화상〉은 연약하고 예민한 자아를 나타내는 작품이다. 이후 1941년 2월 7일 쓴 시 〈무서운 시간〉, 같은 해 6월에 완성한 〈바람이 불어〉 등의 작품에는 민족 현실에 대한 괴로움과 미래에 대한 두려움이 공존한다. 시간의 흐름에 따라 적어낸 그의 시는 그 순간의 감정과 기억을 효과적으로 담아낸 훌륭한 일기였다.

페이스북의 최초 여성 COO인 셰릴 샌드버그는 저서《옵션 B》
에서 남편을 갑자기 잃고 나서 절망스러웠던 상황을 일기로 어떻
게 극복했는지 다음과 같이 담담하게 묘사한다.

어릴 때부터 나는 일기를 쓰려고 줄기차게 시도했다. 몇 년마다
일기를 새로 쓰기 시작했지만 며칠 만에 번번이 포기했다. 하지만 이
번에는 남편의 장례식이 끝나고 5개월 넘는 기간 동안 모두 10만 단
어 이상을 쏟아냈다.

아침에 겪은 아주 사소한 일부터 인간 존재에 관한 결코 대답할
수 없는 질문까지 온갖 생각과 감정을 모조리 적지 않으면 숨도 쉴 수
없을 것 같았다. 일기를 쓰지 않고 며칠 보내는 날에는 내 안에 감정이
쌓이다 못해 물이 찰랑대는 댐처럼 당장이라도 폭발할 것만 같았다.
하지만 일기를 쓰면서 내 과거를 이해하고 현재와 미래를 헤쳐나갈 자
신감을 새롭게 구축할 수 있었다.

당장 오늘부터 일기를 쓰기 시작하자. 작심삼일이 되어도 괜찮
다. 시작하는 것만으로 충분히 유의미한 효과를 볼 것이다.

일주일이 지나고, 한 달이 지나고, 1년이 지나 일기장을 통해
지나간 시간을 뒤돌아보는 것은 다른 곳에서 얻기 힘든 쏠쏠한 재

미를 줄 것이다.

3년이 지나고 5년이 지나고 10년이 지나면 수십 권의 일기장이 쌓일 것이다. 그리고 모르는 사이에 점점 원하는 모습에 가까워지는 자신을 발견할 것이다.

메모를
귀찮게 생각하지 마라

국내 선도 금융그룹 중 한 회사의 자산운용사 인수 후 합병 관련 프로젝트를 맡았을 때였다. 내 사수는 이번에 막 와튼스쿨에서 MBA를 졸업한 대학 선배였다. 회사 내에서 우수한 실력으로 명성이 자자했지만, 불같은 성격으로 더 유명한 분이었다.

프로젝트를 시작한 후 2주 차부터는 고객사와 미팅이 잦았다. 하루에 다섯 번이 넘는 미팅을 해야 하는 강행군이었다. 대부분의 미팅은 사수와 함께 참여했다. 어느 날 첫 미팅을 마친 후 근처 커피숍에서 선배 컨설턴트가 무겁게 입을 열었다.

"정병익 컨설턴트, 원래 필기를 잘 안 하는 편인가?"

"아, 선배님, 제가 암기력이 좋아서 대부분 외우는 편입니다."

5초간의 어색한 침묵이 흘렀고 그 후 30분 동안 엄청나게 혼났다. 영혼을 비 오는 날 먼지 나도록 두들겨 맞는 듯했다. 그 순간이 영원처럼 길게 느껴졌다. 지금 돌이켜보면 더 혼나도 모자랐던 것 같다.

성공한 사람들은
모두 메모광

성공한 사람들은 모두 메모하는 습관을 가지고 있다. 업무 스킬을 한 단계 업그레이드하고 싶은 직장인이라면 다시 한 번 자신의 메모 습관을 점검해야 한다.

메모의 중요성을 강조하는 서적과 글은 쉽게 찾아볼 수 있다. 어느 연구에 따르면 역사상 천재로 불렸던 300명의 인물을 분석한 결과 대부분이 메모광이었다고 한다.

벤저민 프랭클린은 미국철학협회를 창립하고 피뢰침을 발명했으며 미국 독립선언서의 초안을 잡는 등 무수한 업적을 남겼다. 하지만 한국 사람들에게는 '프랭클린 플래너'로 더 유명하다. 생전에 그는 1분 1초도 낭비하지 않기 위해 시간 계획을 꼼꼼하게 세우고 메모를 적극 활용했다고 한다.

비틀즈의 멤버이자 천재적 뮤지션인 존 레넌의 명곡 〈이매진〉이 메모 한 장에서 시작된 것을 아는가? 어느 날 존 레넌은 비행기 안에서 아이디어가 떠올랐고, 가지고 있던 호텔 메모지에 급하게 적어두었다. 이 메모가 세계 평화에 대한 염원을 담은 〈이매진〉으로 발전된 것이다.

슈베르트 역시 악상이 떠오르면 수시로 적었다. 때로는 식당 메뉴판에, 때로는 입고 있던 옷에다 그것을 적어놓았다. 발명왕 에디슨의 메모 습관도 유명하다. 생각날 때마다 메모 형태로 쓴 기록이 노트 3,400개 분량에 이른다.

메모광 하면 레오나르도 다빈치를 빼놓을 수 없다. 이 천재는 늘 수첩을 갖고 다니며 무엇이든 마구 기입했다. 가령 거리를 걷다가 마주친 사람들의 특징과 같이 별 쓸모없는 것도 기록으로 옮겼다고 한다. 1994년에 빌 게이츠가 레오나르도 다빈치의 36장짜리 필사본 노트 한 권을 무려 340억에 낙찰받아 엄청난 화제가 됐다. 이 노트에는 레오나르도 다빈치의 다양한 관심사가 순서 없이 기록되어 있으며, 이미 알고 있었던 개념과 자신의 아이디어를 연관시켜 결합하는 과정이 잘 드러나 있었다. 그림을 통해서는 이해하기 어려운 다빈치의 아이디어와 철학이 어쩌면 그의 메모에는 좀 더 이해하기 쉽게 기록되어 있지 않을까? 빌 게이츠가 '눈의 즐거움'을 위한 예술품 대신 '지적 유희'를 위한 노트를 구매한 것은 나름의 이유가 있었던 것이다.

메모의 힘

그렇다면 성공한 사람들은 왜 메모를 할까?

첫째, 기억하기 위해서다. 이는 우리 기억의 가소성에 기인한다. 우리의 뇌는 1초에 350메가바이트의 정보를 스캔할 수 있다고 한다. 이는 지구상에서 가장 빠른 스캐너의 처리 용량보다 크다.

이렇게 스캔된 내용이 모두 우리의 장기 기억으로 저장되는 것은 아니며, 장기 기억의 공간으로 들어가기 위해서는 단기 기억이라는 연결고리를 잘 활용해야 한다. 인지과학 개척자인 프린스턴 대학교의 조지 밀러 교수는 "일반적으로 사람들은 어떤 경우든 한 번에 단지 일곱 개 이하의 정보 그룹을 단기 기억에 저장하고 처리할 수 있다"고 발표했다. 즉 일곱 개 이하의 정보만이 단기 기억 속에 '잠시' 머무를 수 있는 특권을 부여받는 것이다. 누군가에게 전화번호를 불러줄 때 앞의 세 자리, 가운데 네 자리, 그리고 마지막 네 자리를 끊어서 이야기하는 것은 상대방의 단기 기억 용량을 배려한 본능적 조치이다.

따라서 누군가와 대화할 때 스캔한 정보가 단기 기억을 거쳐 장기 기억으로 저장되게 하기 위해서는 적절한 키워드를 중심으로 메모해야 한다.

둘째, 생각을 정리하기 위해서다. 이는 내 머릿속의 아이디어를 기록할 때나 상대방과의 대화를 기록할 때나 마찬가지다. 메모가 모든 문장과 단어를 그대로 적는 속기록이 되어서는 안 된다. 내 머리에서 흘러나온 내용이나 내 귀로 들은 상대방의 문장을 메시지 중심으로 구조화해서 정리해야 한다. 그래야 생각이 정리되고 메시지가 살아난다.

셋째, 상대방과 대화할 때 하는 메모는 상대방에 대한 존경심과 예의의 표현이다. 상대방이 내뱉는 이야기를 하나하나 정성껏 필기하는 것은 상대방에게 마치 "내가 지금 당신의 이야기를 집중해서 듣고 있고 더 나아가 잊지 않기 위해 메모하고 있습니다. 너무나도 훌륭한 코멘트 감사합니다"라고 이야기하는 것과 같은 효과를 준다. 그럴 경우 상대방은 본인이 하는 말을 한 번 더 거르고 정제해서 더 우수한 언어로 표현하게 되고, 이는 대화의 질을 한 단계 향상시키는 긍정적인 선순환을 만들어낸다.

마지막으로 상대방과 대화할 때 메모는 시선 처리의 훌륭한 정거장이 되어준다. 일대일 대화를 생각해보라. 상대방의 눈을 한도 끝도 없이 쳐다보기도 애매한 순간이 찾아올 것이다. 그럴 경우 보통 허공을 바라보거나 테이블 위의 커피잔을 쳐다보거나 휴대폰을 만지작거리는 등 부자연스러운 시선 처리와 행동으로 이어지게 마련이다. 이때 메모장은 내 시선과 손동작을 한꺼번에 자연스럽게 포장해주는 안식처가 되어준다. 상대방의 눈을 응시한 후 메모장으로 시선을 돌리는 과정을 반복하는 것은 상대방과 나에게 심리적 안정감과 신뢰감을 심어주는 매우 훌륭한 도구인 것이다.

그렇다면 어떻게 메모를 시작할 수 있을까? 처음부터 메시지 중심으로 구조화해서 정리할 수 있기를 바라는 것은 우물가에서 숭늉을 찾는 것과 같다. 가볍게 시작하자. 메모지 혹은 노트에 무언가 끄적이는 행위를 하는 것만으로도 충분하다.

내가 존경하는 한 원로 교수는 누군가와 대화를 오래 하다가 지루한 때가 찾아오면 상대방의 얼굴을 노트에 그리기 시작한다. 상대방은 그러한 사실도 모르고 자신의 이야기가 재미있어 노트

필기를 한다고 여기는 경우가 많다. 비록 생각의 정리는 이뤄지지 않지만, 상대방에게 존중을 표현하고 효과적인 시선 처리까지 달성할 수 있는 방법이다.

　메모를 어렵게 생각하지 말자. 지금 당장 노트 혹은 다이어리를 사자. 고객과 인터뷰를 할 때 노트를 가져가지 않는 것은 전장에 나가는 군인이 총을 가져가지 않는 것과 같다. 메모를 생명줄처럼 여기자.

메일 하나도
제대로 써라

현대인은 바쁜 삶 속에서 하루에 20~100개의 메일을 수신한다. 스팸 메일까지 포함하면 그 숫자는 기하급수적으로 늘어날 것이다.

과거에 공문과 결재 기안문이 차지하던 영역까지 대체하며 이제는 이메일이 공식적인 효력을 발휘하는 '문서'로서의 기능까지 갖추고 있다. 메일이 우리의 회사 생활에서 차지하는 자리가 점차 커지고 있음은 부인할 수 없는 사실이다. 이에 따라 메일 커뮤니케이션 실력과 에티켓의 중요성이 점차 커지고 있다. 관련해서 국내 중견기업의 외국인 CEO 선임 사례를 이야기하고 싶다.

중견기업 W는 지난 6개월간 신임 CEO 선임을 위해서 국내에서 가장 평판이 좋은 헤드헌팅 업체를 활용하여 여러 후보자를 물색했다. 외국과 교류가 잦은 업체이다 보니 외국인 CEO를 찾고 있었고 생각보다 오랜 시간이 걸렸다. 열 명이 넘는 후보자들 사이에서 꿈에 그리던 이상적인 CEO를 찾은 후 본격적인 협상에 들어갔다. 협상에는 회장과 인사담당 임원이 참여했으며 오랜 진통 끝에 가까스로 극적인 합의에 이르렀다. 회사의 향후 10년 먹거리를 책임질 적임자라고 판단한 회장은 회사 역사상 유례를 찾아볼 수 없는 엄청난 보상 패키지를 제시하였고, 후보자는 회사의 노력과 비전에 감명받아 오퍼를 수락하였다.

이제 남은 절차는 비자와 입사 서류를 챙기는 것이었다. 이를 위해 인사담당 김 매니저가 투입되었고, 필요 서류를 하나하나 설명하면서 챙겨갔다.

그런데 몇 주가 지난 뒤 한국 시간으로 토요일 새벽 5시, 김 매니저는 해당 후보자로부터 아래와 같은 짧막한 메일을 받았다(편의를 위해 한국어로 번역하였다).

김 매니저 님,

비자와 입사 서류를 챙기는 프로세스가 너무 길고 어렵네요. 이제나는 너무 지쳤습니다.

대학 졸업장은 예전에 말해줬더라면 훨씬 수월하게 챙겨서 드릴 수 있었는데 지금은 너무 복잡해졌어요. 현 회사 재직증명서 역시 일주일만 먼저 알려줬더라면 1분 만에 발급받을 수 있었는데 이제 회사를 나온 상태라 2주가 넘게 걸립니다. 여권용 사진은 지난번 한국에 방문했을 때 알려줬더라면 그날 드렸을텐데…. 이래저래 프로세스가 꼬였네요.

아무도 저의 입사에 대해서 신경쓰지 않는 것 같아 지난 몇 주간 너무 힘들었어요. 오늘 그 부담에서 벗어나려고 합니다. 제 오퍼를 없었던 일로 해주시길 바랍니다.

신임 CEO 선임에 좋은 결과가 있기를 기원합니다.

마이클 OOO 배상

자세히 보니 참조에는 회장과 인사담당 임원이 같이 들어 있었다. 난리가 났다. 해가 뜨자마자 인사담당 임원으로부터 걸려오는 전화에 김 매니저의 휴대폰은 불이 났다. 몇 시간의 통화 끝에 인사담당 임원은 몇 가지 문제를 발견하였다.

첫째, 메일 회신이 늦었다. 후보자와 김 매니저 간 메일 기록을 추적해보니 약 2주 전 후보자가 다음과 같은 메일을 보냈다.

"제가 제출할 서류가 졸업증명서와 경력증명서, 비자 신청서, 여권용 사진 등인데요. 이게 전부인지요? 그렇다면 각각 언제까지 필요한가요?"

짧막한 메일이었지만 김 매니저는 즉각 회신을 하지 않았고 후보자는 3일 뒤 다시 메일을 보냈다.

"제 메일을 받으셨나요? 그렇다면 회신 부탁드려요."

후보자는 빠른 회신을 요구하는 스타일이고 메일을 카카오톡과 같은 메신저처럼 인식하는 사람임에 틀림없다. 이럴 경우 앞으로 이 사람과의 메일 커뮤니케이션은 속도감 있게 이뤄져야 한다. 메일 회신이 늦어지면 상대방은 불안감과 불쾌감을 느낄 것이 분명하기 때문이다. 김 매니저는 즉각 답장을 하여 필요한 사항을 전달하였다.

며칠 뒤 후보자로부터 또 다른 메일이 도착했다.

"내가 내일이면 현재 직장을 퇴사합니다. 현재 직장으로부터 필요한 서류가 있다면 내일 오전까지 알려줘요."

안타깝게도 김 매니저는 이번에도 답장을 늦게 했다. 며칠 뒤

확인을 해보니 현재 직장에서 경력 증명서가 필요한 상황이었다. 퇴사하기 전에 알려달라고 했는데도 불구하고 말이다.

둘째, 메일에 오타가 많았다. 인사담당 매니저와 신임 CEO 후보자와의 메일이라고 생각하기 힘들 정도로 김 매니저의 메일에는 오타가 가득했다. 한국인이 영어를 완벽하게 할 수 없다고 백번 양보하더라도 매 줄에 오타가 한 개 혹은 두 개 등장하였고 모든 문장에 서둘러 쓴 흔적이 역력했다. 오랜 고민 끝에 늦게 답장한 것이 아니라 후순위 업무로 미루다가 뒤늦게 허겁지겁 쓴 것이 여실히 드러나는 메일이었다.

받는 사람의 기분은 어땠을까? 너무나도 궁금해서 긴박하고 절실하게 물어본 사항인데 한참이 지나서 도착한 메일이 오타가 가득한, 성급하게 타이핑된 메일이라면 이는 결코 달갑지 않은 경험일 것이다. 더욱이 원하는 대답은 쏙 빠진 상태에서 말이다. 그리고 며칠 뒤 앞서 언급한 메일이 도착한 것이다.

'말 한마디에 천 냥 빚 갚는다'라는 속담이 있다. 지금 우리는 메일 하나에 천 냥 빚 갚는 시대에 살고 있다고 해도 과언이 아니다. 더욱이 김 매니저 사례를 보면 메일 하나 잘못 쓰면 천 냥 빚보다 더욱 무거운 심정적 부담이 어깨를 짓누를 수도 있겠다.

메일의 골든타임:
메일은 하루 안에 회신한다

메일 회신에도 골든타임이 있다. 바로 영업일 기준으로 하루 안에 메일을 회신하는 것이다. 특히 메일 교류가 빈번한 인사·경영관리 직군은 다른 부서보다 더욱 빠른 회신이 필요하다. 가끔 오랜 작업 혹은 내부 논의가 필요하여 회신이 늦어질 수밖에 없는 경우도 있다. 그럴 때에도 하루 안에 답변을 하되, 어느 정도의 시간이 걸릴지 반드시 고지해야 한다.

그럼에도 불구하고 메일 회신이 늦어질 수 있다. 하루에 수십 개에서 백 개 넘는 메일을 받는 사람이 업무 순위 조절에 실패하거나 다른 일이 겹치면 일어날 수 있는 일이다. 그럴 경우에는 메일 회신을 하면서 늦게 회신한 것을 사과하고 늦은 이유를 솔직하게 고백해야 한다. 그리고 그 사람과의 메일 커뮤니케이션은 다른 메일보다 각별히 신경써서 추후 이메일에는 즉각 회신하는 속도감을 보여줘야 한다.

형식을 완벽하게
갖춰라

메일의 형식을 지켜야 한다. 메일의 제목은 안건을 명확하고 간결하게 표현해야 하며, 누구에게 쓰는 메일인지 명확하게 알려야 한다.

인사말로는 날씨, 기념일 등을 적절히 활용한 시의적절한 멘트를 전해보자.

"7월이 다가오는데 여름 휴가 계획은 세우셨나요?"

"오늘 첫눈이 내렸는데 출근하시는 데 불편함은 없으셨나 모르겠네요."

"오늘이 말복인데 삼계탕은 드셨나요?"

본론은 전달하고자 하는 메시지를 구조화해서 전달해야 한다. 필요할 경우 강조 표시를 활용하거나 중요한 부분에 밑줄을 긋거나 글씨를 진하게 하는 효과도 넣어보자. 보다 구체적인 설명이 필요할 경우에는 첨부 파일을 활용한다. 메일을 마무리하는 적절한 맺음말도 잊지 말자.

관련자를
참조에 포함하라

메일의 참조 기능은 업무와 관련된 사람들을 수신인에 포함함으로써 메일 내용을 공유하는 것이 주요 목적이다. 참조에 들어가 있는 사람이 직속 상관일 경우에는 주요 업무의 진척도와 현황을 간접적으로 보고하는 수단으로 활용하기도 한다. 하지만 중요한 메일일 경우 직속 상관에게는 해당 메일의 내용을 다시 요약해서 구두로 보고하는 것이 좋다.

윗사람에게 보고할 때는
간략하고 완벽하게

윗사람에게 보고하는 메일의 경우 메시지의 간결성에 더욱 신경을 쓰자. 스크롤을 내려야 하는 경우, 메일에 대한 집중도가 떨어지게 마련이다. 어젠다 중심으로 최대한 간결한 메일을 작성해야 한다.

오타가 있는지도 반드시 체크해야 한다. 오타나 비문이 있을 경우 메일의 신뢰도는 바닥으로 추락한다. 다 된 밥에 재 뿌리는 격이니 메일 보내기 전에 빨간 줄이 뜨는지 두 번 세 번 확인하자.

　첨부 파일의 경우 반드시 PDF로 전환해야 한다. 만약 윗사람이 수정할 가능성이 있다면 원본과 PDF를 같이 보내자.

　글을 마치며 두 가지 팁을 전하고 싶다. 첫째, 먼저 메일을 단순한 편지로 생각하지 말자. 공문이자 보고서라고 생각하면 메일을 대하는 자세가 한결 달라질 것이다.

　둘째, 메일을 잘 쓰는 다른 사람의 메일을 지속적으로 관찰하고 배우자. 글을 잘 쓰는 사람의 글을 필사하며 배우듯이 메일의 달인들로부터 비슷한 방식으로 메일쓰는 법을 배울 필요가 있다.

약속 시간 15분 전에 도착하라

시간 엄수와 관련된 여러 사례와 격언이 존재하지만, 나는 개인적으로 넬슨 제독의 이야기가 가장 명쾌해서 좋다.

> "내가 성공한 것은 어느 때이건 반드시 15분 전에 도착한 덕택이다."

평생을 전장에서 보낸 넬슨 제독은 철저한 시간 관리와 준비 자세로 일평생 자기 자신을 컨트롤하였으며 본인의 핵심 성공 요인으로 단연코 '시간 엄수'를 꼽았다. 그렇다. 10분이든 15분이든 약속 시간보다 먼저 도착하는 것은 역사를 통틀어 모든 현인, 철학자, 경영자들에게 두루 인정받는 '백익무해'한 습관이다.

약속 시간보다 먼저 도착하는 것이 얼마나 위대한 변화를 가져오는지 간접적으로 체험해보자. 친한 지인 A는 컬럼비아대학교 MBA를 졸업한 후 뉴욕에 위치한 한 투자은행으로부터 인터뷰 제의를 받았다. 꿈에 그리던 직장으로부터 초대를 받아서 너무나도 행복했던 그는 인터뷰 시간보다 30분 먼저 사무실에 도착했다. HR 매니저로부터 인터뷰 대기실을 안내받아 들어가 보니 같은 시간대 인터뷰를 하러 온 듯한 다른 대기자가 앉아 있었다.

가볍게 눈인사를 나눈 후 빈 의자에 앉았다. 대기실 벽에는 투자은행의 역사를 보여주는 여러 사진들이 걸려 있었다.

"창업자 사진인 듯하군요."

건너편에 앉아 있던 남성이 말을 걸었다.

"그러게요. 흑백 사진인 것을 보니 꽤나 오래전 사진 같네요."

"오늘 인터뷰하러 오셨나요? 아직 인터뷰 시작하려면 30분은 남은 것 같은데요."

"네, 맞습니다. 차편을 여유 있게 끊은 덕에 생각보다 일찍 도착했어요."

잠시 침묵이 흘렀다. 그가 다시 말을 이었다.

"그나저나 요새 월 스트리트가 활황이라 다른 직업 기회도 많을 텐데 굳이 이 회사를 지원하게 된 계기가 있나요?"

처음 보는 사람치고 너무 훅 들어오는 질문이라 약간 경계했지만, 인터뷰를 준비한다 생각하고 편안하게 대꾸하기로 했다.

"제가 이 회사를 지원한 이유는 크게 세 가지인데요. 먼저 회사의 투자 철학이 맘에 듭니다. 단기적 수익만을 좇는 것이 아니라 투자자의 가치를 극대화하기 위한 장기적 접근이 제 개인적인 생각과 일치해요.

두 번째는 인력 구성 면면이 다양해서 좋습니다. 투자업계에서 근무한 인력만 채용하는 것이 아니라 인더스트리 출신, 파이낸스 박사 출신도 골고루 채용하는 것으로 읽고 있네요. 회사 내에 배울 수 있는 동료가 많다는 점은 큰 장점이 될 것 같아요.

마지막으로 글로벌 네트워크가 마음에 듭니다. 저는 장기적으로 홍콩이나 싱가포르 등으로 이직을 생각하고 있는데요. 이 회사는 다른 오피스로의 이직을 적극 권장하는 것으로 알고 있어요.

아무리 따져 봐도 이 세 가지 관점에서 제게 가장 부합하는 회사가 바로 이 회사라고 생각합니다."

"재미있는 이야기네요."

가벼운 인사로 시작된 대화는 각자의 취미와 경험담 등을 넘나들 정도로 흥미 있게 진행되었다. 그에게 얼마 전 태어난 첫째 딸이 있으며 5년간 키운 고양이가 있다는 사실도 알게 되었다.

인터뷰 시작 10분 전 그는 화장실을 가야 한다며 자리에서 일어났다.

"좋은 결과가 있기를 기대합니다."

그가 떠난 후 A는 인터뷰를 위해 사전에 준비한 예상 질문 답변지를 다시 한 번 쭉 훑어보았다. 몇 분 뒤 HR 매니저가 다시 찾아와 인터뷰 시간이 다 되었음을 안내해주었다. A는 깊은 숨을 내쉬고 넥타이를 고쳐 맨 후 자리에서 일어섰다.

HR 매니저의 안내에 따라 한 층 위로 올라가 복도 끝 회의실에 들어섰다. HR 매니저가 가볍게 인터뷰 진행 절차를 안내했다.

"오늘 인터뷰는 팀장급 한 명과 일대일로 합니다. 회사와 후보자가 얼마나 맞는지 알아보는 질문 위주로 진행될 것입니다. 오늘 인터뷰를 진행해줄 분은 2년 전 컬럼비아대학교에서 MBA를 마치고 입사한 B 팀장입니다. 후보자와 같은 MBA 출신이니 편하게 대화할 수 있을 듯하네요."

회의실 문을 열고 들어서니, 창문을 등지고 앉아 있는 인터뷰어는 다름 아닌 30분 전 회의실에서 만났던 바로 그 남성이었다. 그는 악수를 청하며 자기 소개를 했다.

"반갑습니다. 정식으로 소개하겠습니다. 오늘 인터뷰를 하게 된 B 팀장입니다. 자리에 앉으시죠. 그나저나 우리는 대부분의 이야기를 대기실에서 나눴기 때문에 따로 인터뷰는 안 해도 될 것 같은데요. 후보자에 대해서는 이미 충분히 알게 된 것 같아서요. 차라리 후보자께서 질문을 해주시면 제가 답변을 드릴게요."

앞서 대기실에서 나눴던 대화처럼 인터뷰 역시 편안하게 진행되었다.

그 후 A는 약 2주간 진행된 총 세 차례의 인터뷰를 모두 통과했고 꿈에 그리던 회사로부터 최종 입사 오퍼를 받게 되었다. 몇 주 뒤 신입 사원 오리엔테이션이 회사 주변의 한 호텔에서 이뤄졌다. 여느 때처럼 일성보다 일찍 도착한 A는 행사장 입구에서 B 팀장과 마주쳤다. A는 짧은 인사와 함께 다음과 같이 말을 건넸다.

"그때 대기실에는 의도적으로 미리 와 계셨던 건가요?"

B는 살짝 미소를 지으며 대답했다.

"아니요. 사실 그날 펜을 집에 놓고 와서 대기실에 펜을 하나 가지러 갔던 거예요. 대기실에 있는 펜이 필기감이 뛰어나거든요. 그런데 생각지 않게 일찍 온 후보자를 만나게 되었고 가볍게 시작한 대화가 물 흐르듯 술술 흘러가 시간이 가는 줄 몰랐던 거죠.

인터뷰 방에 도착한 후 책상에 놓인 후보자의 이력서를 보고 나서야 저와 인터뷰를 할 분이라는 사실을 알게 되었습니다. 얼마나 대단한 인연인가요? 전 그 인연의 힘을 믿고 후보자를 다음 인터뷰 단계로 적극 추천했죠. 아무튼 입사를 진심으로 축하합니다."

A는 그 회사에서 커리어를 이어간 후 싱가포르 법인으로 옮겨 벌써 5년째 근무하고 있다. 30분 먼저 약속 장소에 도착한 작은 차이가 이토록 오랜 인연을 가져올지 그때는 미처 몰랐지만, A는 그날 이후로 모든 약속에 15분 이상 미리 도착하는 습관이 생겼다. 또 다른 인연이 찾아올지도 모른다는 희망을 품은 채 말이다.

10분 빠르게
가는 시계

약속 장소에 일찍 도착하는 습관은 큰 조직의 리더들에게서도 쉽게 관찰할 수 있다.

구본무 전 LG그룹 회장은 약속 시간 30분 전에 도착하는 습관이 있다. 비즈니스의 기본은 시간 약속을 지키는 데서 출발한다는 신념 때문이다. 구본무 회장은 집안 곳곳에 시계를 걸어두는 것으로 유명한데 처음 그의 집을 방문한 사람들은 많은 시계들을 보고

어리둥절해한다.

싱가포르 경영대학의 학장을 역임한 하워드 토머스 교수는 가죽끈이 헐거워져 딱 봐도 몇십 년은 되어 보이는 손목시계를 애지중지 차고 다닌다. 이 시계에는 한 가지 비밀이 숨겨져 있다. 10분 빠르게 맞춰져 있다는 것이다.

> "나는 다른 사람들보다 10분 먼저 아침을 시작합니다. 출근할 때 정해진 시간보다 10분 먼저 도착하는 것은 물론, 다른 사람들과의 미팅에서도 매번 10분 먼저 도착해요. 40년쯤 된 습관인데, 지각을 자주하던 제 생활 습관이 싹 바뀌었습니다."

약속 장소에 일찍 도착하는 것은 여러 장점이 있다. 우선 늦을까봐 노심초사하는 불안감을 없애주며 바쁘게 서둘러야 한다는 부담감을 덜어준다. 더 나아가 '어떤 일에든 언제나 준비되어 있는' 유비무환의 마음가짐을 가질 수 있다. 이는 영국의 유명한 동기부여 전문가 이안 시모어가 제시하는 '셈페르 파라투스(Semper Paratus)'와 비슷하다. 시모어에 따르면 라틴어인 셈페르 파라투스는 어떤 일을 하기에 '언제든 준비되어 있는' 상태를 뜻한다. 출발 총성이

울리기 전에 출발점에 웅크리고 앉아 있는 단거리 경주 선수를 상상해보라. 직장인이라면 매사에 이러한 자세를 가져야 한다.

둘째, 약속 시간 이후의 본 게임을 보다 충실하게 마주할 수 있다. 출근 시간보다 15분 먼저 출근해보자. 출근 후 자리에 앉아 커피 한잔과 함께 하루 일과를 머릿속으로 가볍게 정리해보자. 아침에 미팅이 있다면 미팅 자료를 간단히 읽어보고 고객과의 중요한 통화가 예정되어 있다면 목소리를 가다듬어 보는 것은 어떨까?

셋째, 가벼운 일거리를 간단히 처리할 수 있는 쏠쏠한 자투리 시간을 제공해준다. 누군가와 간단히 통화를 할 수 있으며 밀린 이메일에 답장을 보낼 수도 있다. 이처럼 새로운 약속을 시작하기 전에 일상적인 업무를 가볍게 처리하는 것은 추운 겨울에 자동차 시동을 걸고 몇 분간 예열을 하는 것과 같은 효과가 있다. 머리가 좀 더 빨리 돌아가는 것을 느낄 수 있을 것이다.

프랑스에는 이런 속담이 있다.

누군가를 기다리게 하면 그는 당신의 단점을 생각한다.

일상의 작은 약속이라도 몇 분 늦어가며 상대방으로 하여금 당신을 미워하게 할 것인가, 아니면 미리 여유 있게 도착하여 상대방이 당신을 존경하게 할 것인가? 몇 분 동안의 작은 준비가 위대한 차이를 가져옴을 명심하자.

자신에게 맞는
시계추를 찾아라

'일찍 일어나는 새가 벌레를 잡는다'라는 속담은 우리나라에서 너무나 유명하다. 일찍 일어나는 사람이 성공한다는 동서고금의 진리는 남들보다 뭐든지 먼저, 빨리 처리해야 성공할 수 있었던 현대 한국 사회에서 절대 진리처럼 떠받들어졌다.

얼마 전 TV에서 이 격언에 대한 풍자적 비판으로 '일찍 일어나는 벌레가 먼저 잡아 먹힌다'라는 말이 유행했다. 일찍 하루를 시작하는 것이 새의 입장에서는 유익해 보이지만 벌레 입장에서는 삶을 일찍 마감하게 되는 비극적인 선택이 될 수도 있음을 풍자적으로 이야기한 것이다.

그렇다면 관점을 달리해서 늦게 일어나는 새는 어떨까? 일찍 일어나는 새가 모든 벌레를 다 잡아먹어버려서 쫄쫄 굶는 처지를 면치 못할까? 만약 그렇다면 모든 새들이 일찍 일어나기 위해서 경쟁할 것이고 기상 시간은 새벽 5시에서 4시로, 다시 3시로 점차 앞당겨질 것이며, 몇몇 새는 무리한 일정에 졸음 비행을 할지도 모른다. 꼭두새벽부터 새들이 나는 소리에 사람들 역시 밤잠을 설칠지도 모를 노릇이다.

　　하지만 실상은 다르지 않은가? 무리하게 한밤중에 일어나는 새는 없으니 말이다. 일찍 일어나는 새가 일찍 일어나는 벌레를 먹고 사는 것처럼 늦게 일어나는 새는 늦게 일어나는 벌레를 먹고 산다. 모두 각자의 생체리듬에 맞춰 타고난 그릇대로 그럭저럭 먹고 사는 것이다.

얼리버드형 vs. 올빼미형

　　　　시중에 쏟아져 나온 수많은 자기계발서를 보면 모두 아침 일찍 일어나서 하루를 맞이하는 삶에 대한 예찬으로 가득 차 있다. 나 역시 지금까지 읽은 30권이 넘는 자기계발서 중 아침에 일찍 일어나야 한다는 내용을 포함하지 않은 책은 찾아보기 힘들었다. 더 나아가 늦게 자서 늦게 일어나는 것은 게으름의 표상이자 실패의 나락으로 떨어지는 지름길처럼 묘사된다.

하지만 최근 개인별 생체리듬과 라이프 사이클에 맞춰서 '얼리버드형 인간'으로 살 것인지, '올빼미형 인간'으로 살 것인지 선택하라는 조언이 점차 자리를 잡아가고 있다. 사람들은 각자 자기만의 신체 시계를 가지고 있고 하루 중 가장 생체리듬이 활발한 시간이 있는데, 이를 크로노타입(chronotype)이라고 한다. 얼리버드형은 오전에 집중력이 가장 좋고 오후 6시 이후에는 집중력과 주의력이 떨어진다. 반면 올빼미형은 오후부터 집중력이 높아져서 늦은 저녁까지 유지된다.

또한 업무의 성격에 맞춰 얼리버드형과 올빼미형 중 취사선택하는 것도 가능하다. 보통 아침 시간에는 좌뇌가 활성화된다. 논리적이고 수학적인 역량이 극대화된 시간이기 때문에 하루의 계획을 수립하거나 공부를 하기에 적절하다. 한편 창의력을 요구하는 업무는 좌뇌의 기능이 떨어지고 우뇌의 기능이 활발한 저녁과 밤에 하는 것이 적절하다.

시간을 보는
두 가지 관점

　　얼리버드형 인간, 올빼미형 인간에 대한 논의
는 기본적으로 시간을 한정적 자원으로 이해하는 관점에서 비롯된
것이다. 이러한 '경제적 시간 관념'은 철도산업의 발달과 그 궤를
같이한다. 19세기부터 증기기관차가 상용화되고 철도산업이 발달
하면서 시간은 분초 단위로 측정돼 사용되었다. 철도 운행 이전에
는 정확한 표준시간을 체계적으로 설정하지 않아도 큰 문제가 없
었다. 그러나 철도 운행에서는 10분의 시간 착오가 열차 충돌 같은
대형 사고로 이어질 수 있기 때문에 지역 간에 표준시간을 맞춰야
했다. 20세기 들어서는 시간이 자원의 개념으로 확장됐다. 특히 기
술 개발과 신제품 출시의 주기가 점차 짧아지면서 시간은 철저히
관리해야 할 중요한 자원으로 떠올랐다.

　　그렇다면 시간을 보다 유연하게 다루는 방법은 없는 것일까?
시간을 양적 관점으로만 정의하고 받아들이는 것은 1차원적 사고
방식이다. 시곗바늘을 과거로 돌려 그리스인들이 시간을 어떻게
사유했는지 살펴보자.

그리스어에는 시간을 나타내는 두 가지 개념이 있다. 크로노스(Chronos)와 카이로스(Kairos)다. 크로노스는 우리가 보통 알고 있는 물리적이며 객관적 시간을 의미한다. 그리스 신화에서 크로노스는 '시간의 신'으로서 긴 수염을 가진 현인으로 묘사된다. 시계를 뜻하는 크로노미터(chronometer)와 연대기라는 뜻의 크로니클(chronicle)의 어원이 크로노스다.

반면 카이로스는 정신적이며 주관적인 시간이다. 그리스 신화에서 카이로스는 '기회의 신'이다. 그의 앞머리는 길지만 뒤통수에는 머리카락이 없는데, 이는 기회가 앞에 있을 때는 쉽게 잡을 수 있지만 버스처럼 떠나고 나면 잡을 수 없다는 것을 상징적으로 나타내는 것이다.

시간을 유의미하게 사용하기 위해서는 크로노스가 아닌 카이로스의 관점으로 시간을 바라봐야 한다. 즉 시간에 얽매이고 휘둘리며 삶을 살기보다는 자신이 직접 시간의 주인이 되어 '시간 지배력'을 가져야 한다. 하루하루를 힘들게 버텨내는 데 급급한 사람은 크로노스에 매몰된 사람이다. 반면 매 순간의 가치를 찾으며 시간을 알뜰하게 채우는 사람은 카이로스적 관점으로 인생을 살아가는 것이다.

미하엘 엔데가 1973년에 출간한 어른용 동화《모모》는 다음과 같이 카이로스적인 삶의 자세를 권유한다.

시간을 재기 위해서 달력과 시계가 있지만, 그것은 그다지 의미가 없다. 누구나 알고 있듯이 한 시간은 계속되는 영겁과 같을 수도 있고, 찰나와 같을 수도 있기 때문이다. 그것은 이 한 시간 동안 우리가 무엇을 겪는가에 달려 있다. 시간은 삶이며, 삶은 우리 마음속에 있는 것이니까.

결국 카이로스적 관점이 말해주는 것은 시간이란 우리 마음에 따라 얼마든지 달라질 수 있다는 것이다.

시간을
지배하라

하버드대학교 심리학과 엘렌 랭어 교수는 1979년 흥미로운 실험을 했다. 일주일간 70대 후반에서 80대 초반 남성 여덟 명을 모아 1959년 뉴스, 영화 등을 보여주며 1959년을 살고 있는 것처럼 말하고 행동하도록 한 것이다. 그러자 일주일 뒤 놀라운 일이 일어났다. 실험에 참가했던 노인들의 시력, 청력, 기억력, 지능, 악력 등이 신체 나이 50대 수준으로 향상된 것이다. 마음의 시계를 거꾸로 돌린다면 육체의 시간도 되돌릴 수 있다는 카이로스적인 삶의 힘을 잘 보여주는 사례이다.

카이로스적으로 시간을 지배하기 위해서 우리는 세 가지 행동을 실천해야 한다. 먼저 자신에게 맞는 시계추를 찾아라. 아침형 인간이 될 것인지 저녁형 인간이 될 것인지 결정하기에 앞서 본인의 컨디션이 최고조인 시간대를 잘 살펴보자.

둘째, 업무의 성격에 따라 아침과 저녁 시간을 자유자재로 활용하라. 아침형 인간이라고 해서 아침에 창의적인 업무를 하려고 하는 것은 오히려 소중한 시간을 헛되이 쓰는 것이며, 저녁형 인간이라고 해서 저녁에 꼼꼼한 일을 하는 것은 시간 낭비일 뿐이다.

셋째, 시간의 양에 매몰되지 말고 시간을 통해 겪는 삶과 경험의 가치에 집중하자. 때로는 시계를 멀리한 채 '도끼 자루 썩는 줄 모르고' 업무와 일에 몰두해보자. 가끔은 물리적 시간을 그냥 흘러가도록 내버려두고, 그 이면에 있는 삶의 의미를 찾기 위해 노력하자.

시간에 지배될 것인가, 아니면 시간을 지배할 것인가? 선택은 각자의 몫이다.

연습, 아무리 해도
지나치지 않다

BCG에서 네 번째 프로젝트를 하던 시절이었다. 국내 최대 금융그룹 중 한 회사의 자산운용 사업 중장기 전략을 수립하는 프로젝트였다. 당시 팀장은 와튼스쿨에서 MBA를 마치고 뉴욕오피스에서도 팀장까지 역임하다 온 K였다. 운동으로 다져진 훤칠한 외모에 영어까지 유창하게 구사하는 그야말로 흠잡을 데 없이 완벽한 컨설턴트의 전형이었다.

첫 번째 중간 보고를 앞둔 오후 세 시경, 발표 보고서의 출력본을 들고 K 팀장의 사무실을 찾았다. 반투명 유리로 된 사무실 문을 열고 들어가 보니, K 팀장은 벽에 달린 작은 거울을 보며 혼자서 프레젠테이션 연습을 하고 있었다. 평상시 너무나도 완벽해 보이기만 했던 그였기에, 그러면 어떠한 연습도 필요 없이 바로 실전에 투입해도 실수 없이 프레젠테이션을 할 것이라고 생각했다. 그런데 보고를 앞둔 몇 시간 전부터 치열하게 준비하고 연습하는 모습을 보니 새삼 놀라웠다.

나는 K 팀장이 실제와 가까운 상황에서 연습할 수 있도록 거울 대신 나를 앞에 두고 연습할 것을 제안했다. 그의 수신호에 맞춰 슬라이드를 넘겨주는 '판돌이' 역할을 하면서 연습이 끝날 때마다 목소리 톤, 시선 처리와 제스처 등에 대해서 가감 없는 의견을 제시했다. 두세 번의 연습이 한 시간가량 이어졌고, 그날 보고는 성공적으로 끝났다.

스티브 잡스는 연습 벌레였다. 특히 프레젠테이션과 관련해서는 수십 번 연습을 거듭했다고 알려졌다. 이미 세계 최고의 프레젠터로 명성을 날리는 순간에도 그는 연습을 게을리하지 않았다. 매번 무대에 미리 올라 실전 감각을 키웠으며 직원들 여러 명을 객석에 앉혀 실제와 같은 세팅에서 프레젠테이션을 연습했다. 그리고 피드백에 따라 부족한 부분의 슬라이드를 고치거나 멘트를 가다듬었다. 시선과 손동작 등 보디랭귀지를 다시 살펴본 것은 물론이다.

2018년 유럽 챔피언스리그에서 나온 호날두의 오버헤드킥은 여전히 세간의 입에 오르내리는 최고의 장면 중 하나다. 호날두는 유벤투스와의 유럽 챔피언스리그 8강 1차전에서 두 골을 몰아치며 레알 마드리드를 4강 문턱에 올려놓았다.

호날두는 그 경기에서 엄청나게 높은 점프력으로 오버헤드킥을 시도했고, 천하의 부폰도 이 슛에 꼼짝 못 했다. 오버헤드킥이 골망을 흔들자, 경기장엔 엄청난 환호성과 탄성이 쏟아졌다. 홈 팀인 유벤투스 팬과 원정 팀인 레알 마드리드 팬 모두가 너나 할 것 없이 세기의 슈팅을 온몸으로 느끼고 반응한 것이다.

더욱 놀라운 것은 경기 하루 전 오버헤드킥을 연습하는 모습이 포착됐고, 다음 날 경기에서 성공했다는 점이다. 동료들의 말에 따르면 호날두는 평상시에도 훈련 중 오버헤드킥을 수차례 연습했다고 한다. 이 축구 천재는 타고난 재능도 대단했지만 연습량과 자기관리에 있어 타의 추종을 불허했다.

호날두도 매일 매 순간 연습하고 스티브 잡스도 목이 터져라 리허설하는 마당에 우리가 가만히 있을 순 없는 노릇이다.

가능한 모든 감각과 수단을
동원하여 연습하라

리허설을 보다 완벽하게 하기 위해서는 텍스트, 청각 및 시각 등 가능한 모든 수단을 활용하여 다양한 자극을 줘야 한다. MBA를 지원하던 시절 나는 영어 인터뷰를 준비하기 위해서 각 학교별 예상 질문과 답변을 스크립트로 완성했다. 그리고 그 스크립트를 직접 소리 내어 읽고 녹음하였다. 출퇴근길에는 녹음된 내 목소리를 들으며 스크립트의 어색한 부분을 지속적으로 보완·수정해나갔다.

인터뷰가 임박해서는 거울을 보며 나의 시선, 손동작, 얼굴 표정 등을 점검했다. 입으로만 연습할 때와는 다르게 새로운 허점이 보이고 색다른 아이디어가 떠올랐다. 지금이라면 아마 스마트폰 카메라로 나의 모습을 동영상으로 찍어서 점검했을 것이다.

마지막으로 인터뷰 직전에 해당 학교 출신 선배들과 실전 연습을 진행했다. 학교별로 질문도 다르고, 인터뷰 형식도 다르기 때문에 학교별 차별화된 접근이 필요했다. 제일 중요한 것은 이러한 리허설을 계속 반복적으로 했다는 것이다. 인터뷰 당일까지 말이다. 세상에 너무 많은 리허설이란 없다.

그래서 하고 싶은 말이 뭔데?
결론부터 말하라

톨스토이의 소설 《안나 카레니나》는 "행복한 가정의 모습들은 대개 서로 비슷하다. 그러나 불행한 집의 경우는 그 모습이 각양각색이다"라는 서두로 시작한다. 이 이야기는 평상시 우리의 대화에도 그대로 적용된다.

"그래서 결론이 뭔데?", "하고 싶은 말이 뭔데?" 등과 같은 피드백을 받아본 적이 있는가? 그렇다면 이는 당신의 커뮤니케이션과 보고 방식에 심각한 문제가 있다는 신호다.

직장 상사들이 가장 듣고 싶어 하는 부하의 말은 바로, "결론부터 말씀드리자면"이다. 상사는 물론 동료, 부하 직원 역시 모두 결론부터 이야기하는 두괄식 커뮤니케이션을 절대적으로 선호한다. 거기에 따라오는 보충 설명은 청자의 취향에 따라 골라 들으면 되기 때문이다.

어느 날 오후 2시, 국내 굴지의 대기업 휴대폰 사업본부에서 다가오는 연말 전략 보고를 위한 리뷰 미팅을 갖고 있었다. 20평 남짓의 커다란 회의실에서 본부장은 원형 테이블 가운데에 앉아서 각 부문별 담당 임원으로부터 보고를 받으며 날카로운 질문을 던지고 있다. 아메리카노를 한 모금 들이킨 후, 와이셔츠 소매를 걸어 올리며 본부장이 다시 한 번 무거운 입을 열었다.

"그래서 핵심이 뭔데? 유럽 시장이 어떻게 된다는 거지?"

해외 마케팅 전략을 총괄하는 상무는 10분 동안 아직 보고서 한 장도 넘어가지 못했다. 첫 장부터 본부장으로부터 계속 같은 질문을 받고 있기 때문이다.

"네, 본부장님. 유럽에서는 올해 총 300만 대의 휴대폰이 판매될 것으로 전망되며, 이 중 200만 대는 피처폰이고 100만 대는 스마트폰입니다. 스마트폰은 3년 전만 해도 5만 대 미만으로 시장 입지가 매우 미약했으나, 지난 3년간 폭발적으로 증가하면서 이제는 전체 시장의 30퍼센트 이상을 차지하는 수준에 도달했습니다. 이는 20~30대가 전체 소비 트렌드를 주도한 것에 기인한 것인데요. 향후 당사는⋯."

본부장의 표정이 일그러지면서 다시 한 번 불호령이 떨어졌다.

"이봐, 박 상무! 내가 그걸 물어본 게 아니잖아. 다시 한 번 잘 생각해보게. 그래서 유럽 시장이 어떻게 된다는 거야? 마지막 기회일세."

이번에 유럽 휴대폰 시장이 폭발적으로 증가했음에도 불구하고 동 회사의 실적은 1년 만에 업계 3위에서 10위권 밖으로 밀려났다. 휴대폰 사업이 회사 전체 실적의 발목을 잡는 현 상황에서, 이번 전략 보고를 잘 넘기지 못하면 연말 임원 인사에서 불이익을 피하기 어려운 상황임은 명약관화였다. 하지만 아무리 머리를 굴려봐도 도대체 본부장이 원하는 답이 뭔지 감이 오지 않는다. 박 상무는 보고서를 총괄 작성한 최 부장에게 구조요청의 눈빛을 보냈다.

기업에 근무하는 사람들이라면 이 에피소드가 결코 남의 이야기로 들리지 않을 것이다. 대한민국 기업에서는 지극히 자주 일어나는 일이라고 생각해서 한번 생생한 예시를 들어보았다. 여러분이 저기 회의실에 앉아 있는, 박 상무의 절박한 눈빛을 받고 있는 최 부장이라면 어떠한 답을 제시할 것인가? 도대체 본부장이 원하는 답은 무엇인가?

평소 본부장 앞에서 제대로 보고할 기회를 잡지 못했던 최 부장은 이때가 기회다 싶어 조심스레 입을 열었다.

"본부장님, 해외 마케팅 전략 1팀의 최 부장입니다. 제가 대신 말씀드려도 될는지요?"

"그래, 최 부장이라고? 자네가 한번 답변해보게."

최 부장은 자리에서 일어나 연단으로 다가가 박 상무로부터 마이크를 건네받고 프레젠테이션을 시작했다.

"유럽 휴대폰 시장은 향후 3년간 약 5퍼센트의 연평균 성장률로 성장할 것으로 전망되는데요. 스마트폰 시장은 약 30퍼센트 이상 성장할 것으로 전망되는 반면, 피처폰 시장은 약 -10퍼센트로 역성장할 것으로 전망됩니다. 좀 더 구체적으로, 지역과 고객군, 그리고 상품 카테고리별로 나눠서 말씀드리겠습니다. 우선 지역별로는…"

최 부장이 프레젠테이션을 시작한 이후 본부장의 입가엔 미소가 번지기 시작했고, 결국 할당된 시간보다 더 짧은 시간에 성공적으로 보고를 마칠 수 있었다.

이 에피소드에 등장하는 최 부장과 박 상무의 커뮤니케이션에는 어떤 차이가 있는가? 본부장의 질문을 다시 한 번 돌이켜보자.

'유럽 휴대폰 시장이 어떻게 될 것인가?'

본부장은 향후 시장이 어떻게 될 것인지를 궁금해했다. 현재도 과거도 아닌 미래 말이다. 하지만 박 상무는 올해 실적이 어떻게 될 것인지 현재 이야기로 시작하여 과거 시장이 어떻게 성장했는지로 첨언한 후 고객 이야기로 깊숙히 들어가고 만다. 본부장이 그토록 궁금해하는 미래 이야기는 결코 하지 않은 채 숲을 보여주기는커녕 지엽적인 이야기를 계속하며 나무도 아닌, 나뭇가지들을 계속 들이밀고 있는 형국이다.

이에 반해 최 부장은 본부장이 원하는 답을 먼저 제시했다. 이른바 'Answer First(원하는 답 먼저)' 방식으로 발표한 것이다. 그리고 최초 대답으로 제시한 전체 시장 성장률에 이어, 스마트폰과 피처폰으로 크게 나눠서 이야기를 했고, 좀 더 구체적인 어젠다인 지역, 고객군, 제품 카테고리 이야기에 들어가기에 앞서 미리 메뉴판을 보여주면서 청자인 본부장에게 훌륭한 내비게이션을 제시하며 대화를 이끌어나갔다.

공동사회 vs.
이익사회

'Answer First'가 서구권 문화보다 한국 문화에서 어려운 것은 사실이다. 본인의 감정과 생각을 직설적으로 표현하는 것보다는 우회적으로 돌려서 전달하는 것이 미덕이라고 가르침을 받아온 문화 탓인 것 같다.

이를 좀 더 깊게 들여다보기 위해서 '공동사회'와 '이익사회' 개념을 살펴보자. 먼저 공동사회는 사람들 간의 인간적인 관계에 기초한 사회로서, 서로에 대한 의무와 상호 일체감에 근거한다. 가족이나 종교 공동체, 그리고 친구 집단이 여기에 해당한다. 이런 관계 안에서는 서로에 대한 애정, 빈번한 대면 접촉, 공유 경험, 심지어는 공동 소유가 밑받침이 된다.

반대로 이익사회는 어떤 목적을 염두에 둔 '수단으로서의 관계'에 기초한다. 이익사회에서는 재화와 노동의 빈번한 교류가 발생하고, 협상과 계약이 사회 운영의 중요한 원리가 되며, 개인의 이익 추구와 경쟁이 장려된다. 기업이나 관료 제도가 이러한 관계의 전형이다.

문화심리학의 용어로서 공동사회는 대개 '집합주의적 사회'를 지칭하고, 이익사회는 '개인주의적 사회'를 지칭한다. 그리고 '상호의존성'과 '독립성'이라는 용어가 각각에 대응하는 개념을 담고 있다.

동양 사회는 집합주의적 사회로서 본인보다 남의 생각과 입장을 먼저 고민하고 다른 사람과의 관계에서 형성되는 체면을 중요시한다. 따라서 직접적으로 본인 생각을 이야기하는 것보다 상대방의 의중을 살피면서 간접적으로 의견을 돌려서 표하는 것이 예의라고 생각한다.

이에 반해 서양 사회는 본인의 의견과 이익이 최우선시되는 개인주의적 사회이다. 본인의 의견이 명확하고 '좋으면 좋다, 싫으면 싫다'고 말한다. 오히려 돌려서 이야기하는 사람은 '뒤가 구린' 사람이라고 생각해 서양 사회에서는 환영받지 못한다.

따라서 서양인들, 특히 미국인들은 동양인들의 속마음을 알 수가 없다고 푸념하는 반면, 동양인들은 미국인들이 가끔 무례하다 싶을 정도로 지나치게 직설적이라고 생각한다. 역사적으로 보면, 서양 사회에서는 그리스 시대부터 오랜 역사를 거쳐 본인의 주장을 펼치고 상대방과 논박하는 토론 문화를 중시한 반면 동양 사회에서는 현대에 와서야 제대로 된 토론 문화가 자리잡았기 때문이다.

내가 MBA 과정을 밟았던 인시아드는 프랑스에서 출발한 국제 학교이다. 전 세계 90개국 이상의 다양한 나라 사람들이 섞여서 공부하는 곳으로 '작은 UN'이라는 별명을 갖고 있다. 한국에서 모든 교육과정을 마친 전형적인 한국 모범생이었던 나는 아직도 첫 수업 시간의 광경을 잊지 못한다.

수업이 시작되고 얼마 지나지 않아 교수가 첫 번째 질문을 던졌다. 질문이 떨어지자마자 50명의 학생 중 약 20명이 손을 들었다. 마치 세상의 빛을 처음 본 아기 새가 어미 새가 주는 먹이를 쟁취하기 위해 사투하는 것과 같은 장면이었다. 특히 유럽, 미국 등 서구권 출신 학생들이 토론을 주도한 반면 한국, 일본 등 동양 학생들의 발표는 상대적으로 적었다. 토론과 대화에서 서양과 동양 사회의 차이점을 절실하게 깨달은 순간이었다.

다시 본론으로 돌아오면, 한국에서 교육받고 사회 생활을 시작한 사람들에게 'Answer first' 대화 방식은 결코 쉽지 않다. 하지만 오랜 시간을 들여 체계적으로 훈련한다면 누구나 할 수 있기도 하다. 업무 시간에는 'Answer first' 모드로 이야기하고 친구들과 가볍게 술 한잔하거나 가족끼리 식사하는 자리에서는 다시 집합주의적 방식으로 대화하면 될 것이다.

법칙 **29**

구두부터
닦아라

컨설턴트 시절, 어느 화창한 5월의 금요일에 워크숍이 열렸다. 서울 소재 한 대학의 연극영화학과 교수를 초대하여 프로페셔널하게 커뮤니케이션하는 방법론을 배웠다.

수업 중간쯤 교수는 강의실 가운데 작은 원을 하나 그리더니 다음과 같이 지시했다.

"여기 있는 모든 사람이 원 안에 모여 서로 둥글게 마주 보며 서보세요."

아무리 친한 동기라 하더라도 숨소리가 들릴 정도로 얼굴을 맞대고 가깝게 다가서기란 여간 어색한 일이 아니었다. 데면데면하며 서로 다가서다 주저하기를 수차례 반복하다가 5분이 지나서야 간신히 원 안에 모든 사람이 들어섰다.

기쁨에 들뜬 교수가 말을 이어갔다.

"이 작은 원 안에 10여 명이 모이다니 정말 대단하네요. 최근 한 달 동안 진행한 워크숍 중 가장 빠른 속도로 이뤄낸 것입니다. 동기애가 물씬 느껴지네요.

자, 이제 고개를 숙여 바닥을 보십시오. 무엇이 보이나요?"

서로 얼굴을 마주 보기 뻘쭘했기에 잘됐다 싶어 일제히 시선을 아래로 향했다. 대리석 바닥에 자신들의 얼굴이 희미하게 비치는 가운데 모든 사람들의 구두가 한눈에 들어왔다.

"자신의 구두를 한번 살펴보세요."

닦은 지 얼마나 됐는지 내 구두는 광택을 잃은 채 시들어 있었다. 구두코가 닳아서 가죽 안 색깔이 도드라져 보이기도 했다.

"구두는 마음의 거울입니다. 여러분의 마음가짐, 생활 습관을 가장 여실히 보여주는 물건입니다."

워크숍 이후, 나는 새로운 사람을 만나면 그 사람의 구두를 살펴보는 습관이 생겼다. 지나치게 반들반들하게 광이 나는 구두, 먼지 하나 없지만 적당한 윤기를 머금은 구두, 먼지가 살짝 쌓인 채

생활 스크래치가 있는 구두, 쓰레기통에 당장 버려도 이상할 것이 없을 정도로 닳은 구두 등 각양각색이다. 하지만 한 가지 공통점은 그 구두의 모양새와 느낌이 주인을 꼭 빼닮았다는 것이다.

구두는 어떤 사람의 취향과 성격을 보여주는 가장 정확한 지표이다. 우아하고 비싼 옷을 입더라도 어울리지 않는 구두나 손질 안 된 구두를 함께 신게 되면 당장 싸구려 티가 날 수 있다. 다 닳은 구두 굽, 헐렁하게 변형된 모양, 그리고 구두코가 벗겨져 하얗게 드러난 구두를 신은 사람을 보면서 칠칠치 못하다고 느끼는 것은 비단 나만은 아닐 것이다.

신데렐라의 유리 구두는 신의 한 수

신데렐라는 밤 12시에 유리 구두 한 켤레를 놓고 황급히 사라진다. 신데렐라의 유리 구두를 손에 쥔 왕자는 그 유리 구두를 보면서 신데렐라를 추억하며, 그녀를 찾기 위해 전국을 샅샅이 수색한다. 결국 그 구두에 꼭 들어맞는 발을 가진 신데렐라를 찾아내고 둘은 오래오래 행복하게 살게 된다. 이 동화에서 유리 구두에 발이 꼭 맞는 주인은 마을에 신데렐라 한 명만 존재하듯이 구두와 주인의 관계는 운명적 만남 이상의 특별한 무엇인가가 있는 듯하다.

만약 신데렐라의 구두가 해지고, 깨져 있고, 여기저기 흠집이 나 있었다면 왕자는 과연 그녀를 찾아 나섰을까? 광택이 나는 유리 구두를 신고 파티에 간 것은 신데렐라의 운명을 판가름한 신의 한 수였던 것이다.

구두를 잘 관리하는 사람은 일상의 작은 것들에 철저한 사람이다. 책상 정리를 깔끔하게 하고, 아침에 침구를 잘 정리할 것이며, 주말엔 집안 곳곳을 대청소할 가능성이 크다. '세 살 버릇 여든까지 가듯' 구두를 닦는 작은 습관은 다른 행동을 하나둘씩 서서히 바꾸는 건강한 전염력이 있다.

출근하기 전 구두를 닦아 보자. 그리고 일주일에 한 번씩은 구둣방에 가서 제대로 광택을 내보자. 이 작은 습관이 당신의 이미지를 바꾸고, 더 나아가 당신의 운명을 바꿀 수도 있다.

나만의 의식으로
아침을 시작하라

누구에게나 아침이 있다. 대부분의 회사원은 일곱 시 즈음에 일어날 것이고, 대여섯 시에 일어나는 얼리버드형, 열 시 이후에 일어나는 올빼미형도 있을 것이다. 언제 일어나는지는 중요하지 않다. 중요한 것은 일어나자마자 무엇을 하느냐다.

현대인들은 아침에 알람과 두세 번의 사투를 벌이다 더 이상 미룰 수 없는 시간에 다다르고 나서야 간신히 일어난다. 본인의 얼굴을 제대로 살펴볼 겨를도 없이 신속하게 세수를 마치고 와이셔츠를 꺼내 입고 거실로 나온다. 그리고 스마트폰을 보며 시리얼을 입안으로 밀어넣는다. 시리얼만으로 공복을 채운 것에 대한 죄책감으로 비타민과 영양제를 몇 알 입에 털어넣고, 서둘러 가방을 챙겨 현관문 밖으로 출동한다. 조금이라도 늦으면 출근길 교통 지옥에 시달리기 때문에 1분이라도 일찍 출발하는 것이 이롭다.

이대로 괜찮은 걸까? 무슨 출근하기 위해 태어난 사람마냥 낭만이라곤 눈곱만큼도 없지 않은가? 낭만의 문제만은 아니다. 하루 중 정신이 가장 멀쩡하고, 다른 사람의 방해 없이 오롯이 자신과 마주할 수 있는 소중한 아침 시간을 허투루 날려버리고 있는 것이 가장 문제다. 현관문을 나서는 순간 모든 기회는 사라진다. 직장이라는 전쟁터로 출전하기 전 자기 자신을 보살피고 다독이는 몇 가지 의식적인 행동을 해보자.

반복적이고 규칙적인 행동을 하라

아침에 하는 의식적인 행동은 반복적이고 규칙적이어야 한다. 여기서 말하는 행동은 실제 몸을 움직이는 행위 혹은 운동을 의미한다. 사람의 기억은 때로는 유치할 정도로 단순해서 몸에 배지 않는 것은 망각의 저편으로 쉽사리 보내버리곤 한다. 어릴 때 배운 자전거 타는 법이 몸속 어딘가에 자리 잡듯이, 몸이 기억할 수 있는 반복적이고 규칙적인 행동을 하자.

싱가포르 경영대학을 설립 10년 만에 세계 최상위권 경영대학으로 이끈 하워드 토머스 전 학장의 아침 습관을 살펴보자. 웨일스 출신인 그는 청년 시절 럭비를 즐겼다. 단순히 즐기는 수준을 넘어 대학 대표팀의 주장을 맡을 정도로 빼어난 실력을 자랑했다. 그때 입은 부상으로 인해 지금은 걷기 불편할 정도로 허리 근력이 악화됐다. 하지만 여전히 그는 "이 세상 최고의 스포츠는 럭비"라고 주장할 정도로 럭비에 대한 지고지순하고 맹목적인 사랑과 존경을 갖고 있다.

2010년 즈음 싱가포르 경영대학에 학장으로 부임한 그가 퇴임하는 순간까지 매일 빼먹지 않고 지키던 습관이 있었다. 바로 새벽 수영이다. 싱가포르 사람들이 사는 주택에는 대부분 공용 수영장 혹은 단독 수영장이 있다. 연중 평균기온 30도를 넘나드는 고온의 기후에서 싱가포르 사람들이 아침저녁으로 더위를 식힐 수 있는 가장 훌륭한 스포츠가 바로 수영인 것이다.

토머스 박사는 매일 아침 한 시간씩 수영을 하며 어제의 일을 리뷰하고, 다가오는 하루의 업무 계획을 마음속으로 정리한다고 한다. 하체 근육을 단련시키는 동시에 머리와 마음의 근육도 탄탄하게 하는 것이다.

솔브릿지 국제경영대학 학장인 저먼 로즈 교수는 매일 새벽 네 시 반에 일어난다(물론 전날 일찍 잠자리에 든다. 늦어도 밤 10시 전에는 침실에 들어간다). 모두가 잠든 시간에 일어나 그가 매일 반복적으로 하는 행동이 있다. 바로 그림을 그리는 것이다. 전문적으로 그림을 배운 적은 없지만 다른 사람의 그림을 보고 따라하는 정도였던 실력이 이제는 제법 예술적인 감흥을 불러일으키는 수준이 되었다고 한다. 일주일에 한 편씩 마음에 드는 작품을 본인의 페이스북에 올린다. 자기만의 사이버 갤러리를 차린 것이다.

"그림을 그리다 보면 전날에 있었던 일들이 하나둘씩 스쳐 지나가죠. 새로운 마음가짐으로 뒤돌아보면 불과 몇 시간 전에는 해결하기 급급했던 것들이 새로운 가르침을 제공합니다. 일흔이 넘은 이 나이에도 어제의 경험은 오늘을 살게 하는 나침반이자 내일을 꿈꾸게 하는 원동력입니다.

그리고 곧 태양이 떠오르고 커튼 너머로 햇살이 쏟아지기 시작하면, 오늘 하루 동안 펼쳐질 일과들이 차곡차곡 마음속에 정리됩니다.

아침마다 하는 이 의식은 손으로 그리는 일기와도 같은 거예요. 매일

의 일기가 조금씩 다른 것처럼 매일의 그림이 전날의 경험과 오늘의

감정에 따라 오묘하게 다릅니다."

명상을
하라

누구나 명상이 무엇인지는 안다. 하지만 막상 어떻게 실천해야 하는지 잘 모르는 것이 현실이다. 이는 어쩌면 명상이라는 행위에 지나치게 높은 환상을 갖고 있거나 거부감을 느끼기 때문일 것이다.

사실 명상에는 정답이 없다. 인터넷이나 유튜브를 통해 명상을 찾아보면 수십 가지의 다른 방법이 있음을 알게 될 것이다. 명상에 관해서는 교과서가 존재하는 것이 아니며, 개인의 성향과 기질에 따라 천차만별의 명상 방법이 있다.

디자인 싱킹의 대표 주자인 아이디오의 창업주 데이비드 켈리는 아침에 일어나 보드마커를 들고 샤워실로 들어간다. 샤워 도중

어떤 생각이 떠오르면 이를 잊어버리기 전에 샤워부스 유리벽에 적기 위해서다. 데이비드의 멘토이자 스탠퍼드대학교 교수인 밥 맥킴은 이를 '느슨한 주의'라고 말했다. 느슨한 주의는 명상, 즉 완전히 마음을 비운 상태와 어려운 수학 문제를 풀 때 고도로 집중된 상태의 중간 지점 정도라고 할 수 있다.

한편, 데이비드 켈리의 동생이자 아이디오 대표를 맡고 있는 톰 켈리는 형과 다른 형식으로 명상을 즐긴다. 그는 다음과 같이 이야기했다.

"TV, 인터넷, 이메일 등 매스미디어 기기와 떨어져 5~10분간 지내는 연습을 해보는 것도 좋습니다. 저는 아침에 일어나 5분 동안 신문도 TV도 보지 않고 조용히 생각하는데 그때 아이디어가 마구 떠오릅니다. 그럼 바로 종이에 메모를 하죠."

차를
마셔라

차를 마시는 시간은 바쁜 하루 중 나를 위한

잠깐의 휴식이자 선물이다. 특히 하루의 시작을 알리는 아침에 맞이하는 차 한잔의 여유는 몸과 마음을 동시에 달래주는 힐링 그 자체이다. 차 한잔을 즐기기 위해서 많은 준비물이 필요한 것도 아니다. 뜨거운 물, 찻잎, 그리고 작은 찻잔 하나만 있어도 충분하다. 격식과 법도가 중요한 게 아니라 차를 마시는 순간, 나를 되돌아보는 그 시간이 소중하기 때문이다.

차의 기본은 즐기는 것이다. 차 한잔을 마실 수 있다면 그것으로 족하다. 따뜻하고 영롱한 차처럼 지친 몸과 마음을 맑게 만들어주는 것, 그게 바로 차가 가진 힘이다. 꼭 찻잎을 넣고 우린 것만 차는 아니다. 철따라 쌍화차나 대추차, 유자차, 오미자차와 같이 우리 전통 음청류를 마시면 건강도 챙길 수 있고, 계절을 오감으로 즐길 수 있어 더없이 좋다.

차는 여러 가지 독의 해독제이며, 장명탕(長命湯)이라 불릴 정도로 건강에 좋다고 한다. 사실 찻잎에는 카페인이 함유되어 있기 때문에 피로 회복에도 도움이 되고 졸음을 쫓을 수도 있어 아침에 마시면 더욱 좋다. 특히 열에 강한 비타민 C도 다량 함유돼 있기 때문에 아침에 녹차를 마시면 감기의 예방과 발암물질을 억제하는 데 도움이 될뿐더러 스트레스 해소에도 효과적이라는 사실이 밝혀져 있다.

차의 떫은맛과 쓴맛은 타닌이라는 성분 때문이다. 최근 연구에서 타닌에 뇌졸중과 동맥경화 등을 억제하는 효과가 있다는 것이 판명되었다. 매일 아침 20분씩 시간을 내어 건강에도 좋고, 졸음에도 특효인 차 한잔의 여유를 가져보자.

법칙 31

관리하자,
뚱뚱한 일류는 없다

LG전자에서 만났던 수많은 임원, BCG에서 같이 근무했던 수많은 파트너 중 배가 나온 사람을 찾기란 쉽지가 않다. 야근과 회식이 반복되는 일정임에도 그들은 항상 꾸준히 운동하는 습관이 몸에 배어 있다.

그들이 이렇게 운동에 열중하는 이유는 바로 '호감의 법칙' 때문이다. 호감 가는 외모를 가진 사람의 의견이 더 좋고 옳다고 믿는 호감의 법칙은 업무의 성격을 떠나 모든 직장 사회에서 널리 통용되는 불문율이다. 특히 사람을 상대하는 시간이 많은 영업직군에서는 절대 진리이다.

꾸준한 건강 관리는 정장을 입었을 때 신뢰감을 주는 '핏'을 만들어준다. 소위 '수트빨'이 나오는 것이다. 같은 메시지라 할지라도 호감을 주는 복장과 외모를 갖춘 사람이 던지는 경우에는 신뢰도가 엄청난 기울기로 확대된다.

하버드 경영대학원의 니틴 노리아 대학원장과 마이클 포터 교수는 CEO들이 일상의 시간을 어떻게 활용하는지 심층적으로 연구했다.

조사에 참여한 CEO들은 마치 누군가로부터 휴식을 취하고 건강을 유지해야 한다는 지침을 받은 것만 같았다. 그들은 하루 평균 일곱 시간 정도의 수면을 취했으며, 일하지 않는 시간의 약 9퍼센트(또는 하루 45분)는 운동에 할애했다. 노리아 원장과 포터 교수는 "업무 시간의 강도를 유지하기 위해 CEO들은 엘리트 운동선수들이 하는 것처럼 훈련해야 한다. 즉 건강, 체력, 휴식에 특별히 시간을 할애해야 한다"고 권고했다.

나는 운동한다,
고로 존재한다

나와 친한 H 교수는 매우 활발한 성격의 소유자다. 처음 만난 순간부터 그의 넘치는 에너지와 활기에 놀랐던 기억이 난다. 처음 잡은 손의 악력은 대단했고, 대화할 때 상대방을 쳐다보는 눈빛은 이글거렸으며, 작은 유머에도 호탕하게 웃으며 새하얀 건치를 자랑했다.

나보다 열두 살이나 많은 '띠동갑 형님'임에도 불구하고 나이보다 훨씬 젊게 사는 비결을 물어보니 "매일 아침저녁으로 운동을 꾸준히 해보세요!"라며 당장이라도 나를 운동의 신세계로 전도할 것만 같은 표정을 지었다.

그는 매일 아침 두 시간씩 등산을 한다. 상당히 긴 시간이지만, 웬만한 뒷산 하나 오르락내리락하는 것도 한 시간 이상 걸리는 것을 생각해보면 등산치고는 괜찮은 투자라고 생각한다. 처음에는 30분, 몇 달 뒤에 한 시간, 이런 식으로 거리와 시간을 늘리다 보니 이제는 등산 그 자체가 재미있어 도저히 시간을 줄일 수 없는 단계에 이르렀다고 한다. 그리고 퇴근 후 저녁에는 아파트 근처 수변공원을 한 시간씩 달린다. 최근에는 지역 마라톤 동아리에 가입하여 20명씩 회원끼리 같이 달린다고 한다.

"운동을 하기 전 저는 평균보다 마른 체형이었어요. 근력도 약했고 지구력도 떨어져서 퇴근 후에는 곯아떨어지기 일쑤였고 아침에는 일어나기 급급했어요. 교수라는 직업이 사회적으로 인정받고 안정적인 직장임에도 불구하고 삶에 대한 만족도는 매우 낮았죠. 하루하루 버티며 근근이 살았다고 해야 할까요? 그러던 어느 날, 친한 중학교 동창이 폐암으로 하늘나라로 떠나고 나서는 세상을 마주하는 자세가 바뀌었습니다. 힘없이 버티며 살아가는 인생에 회의가 생겼던 거죠. 그때부터 누가 시키지 않았지만 아무 이유 없이 운동을 시작했어요.

그런데 정말 신기한 게 운동을 시작하고 나서 신체 변화보다 정신의 변화가 더욱 도드라지더라고요. 나 스스로 자신감을 찾아서인지 혹은 다른 사람들이 나를 좀 더 호감 있게 바라보는 것인지 아직 정확히 파악되지는 않지만 가정과 직장에서의 삶이 180도 바뀌었습니다.

수업 시간에 나를 바라보는 학생들의 눈초리도 분명 달라졌어요. 그러니 자신감이 더욱 붙고, 강의 평점 역시 크게 향상되는 등 선순환 구조가 자리 잡더군요.

정 교수도 오늘부터 당장 운동을 시작해보세요. 어렵고 무리가 가는 운동보다 동네 한 바퀴를 천천히 걷는 것부터 시작해보세요. 꾸준히 반복적으로 하다 보면 분명 달라진 자기 자신을 발견할 것입니다."

매도 먼저 맞는 놈이 낫고 군대도 빨리 갈수록 좋다고 하듯이 운동 역시 빨리 시작할수록 좋다. 오늘부터 당장 작은 운동을 시작하자. 그리고 1년 뒤 달라진 자신의 모습을 발견하는 희열을 만끽하자.

번아웃을
예방하라

B 차장은 매우 재미있는 캐릭터였다. 업무 중에는 그 누구보다도 프로페셔널한 전략가의 모습을 보이지만, 사석에서는 숨겨둔 '덕후' 기질을 가감 없이 보여주는 분이었다.

그는 주말에는 '미드'를 한 시리즈씩 정주행하며, 출퇴근 지하철 안에서는 게임에 열중한다. 누구보다 영화를 좋아하기 때문에 포털사이트 영화 코너에 평론가 수준의 댓글을 단다. 그의 가방엔 항상 손때 묻은 만화책이 한두 권씩 들어 있다. 점심시간에는 스마트폰으로 온라인 커뮤니티에 접속하여 가벼운 유머를 보며 하루의 스트레스를 날린다. 추운 겨울이 되면 가족을 두고 일본으로 혼자

여행을 떠나 료칸에서 온천을 즐긴 후 도쿄 아키하바라에 들러 애니메이션 캐릭터를 둘러보곤 한다. 2년 뒤 런던에서 열리는 마라톤 대회에 참석하는 목표도 가지고 있다.

스트레스를 이월하면
안 된다

그의 '덕질'은 나름대로 매우 훌륭한 의미를 지닌다. 매일 전쟁터 같은 직장에서 오는 중압감, 사람을 상대하면서 받는 스트레스 등을 다양한 취미 활동을 통해 효과적으로 해소하기 때문이다. 그는 이러한 소소한 재미가 없었다면 회사를 진작에 그만두었을 것이라고 고백한다. 그의 '소확행(작지만 확실한 행복)' 취미 활동은 현대 사회에서 불어닥치는 스트레스 폭풍우로부터 그를 보호해주는 든든한 버팀목이었던 것이다.

한 설문조사에 따르면 취미가 없는 직장인의 65퍼센트가 스스로를 '돈 버는 기계'라고 생각한다고 응답했다. 반면 취미가 있는 직장인의 경우 44.3퍼센트만이 동일하게 응답했다. 취미 활동은 자존감 향상과 동시에 '번아웃 증후군' 극복에도 도움을 준다. 전문가들은 번아웃을 방지하기 위해 일과 삶의 균형이 중요하며 취미 활동이 스트레스를 완화시켜 정신 건강에 도움을 준다고 강조한다.

기타 줄이 계속해서 팽팽하게만 유지된다면 언젠가는 끊어질지도 모른다는 불안감에 연주를 제대로 할 수 없다. 욕조 안의 물이 계속해서 찰랑찰랑 유지된다면 자그마한 움직임에도 물이 넘쳐날까 봐 조심하게 된다.

사람의 마음과 신경도 마찬가지다. 회사의 업무와 사람 관계에서 찾아오는 스트레스와 긴장감으로 신경이 곤두서 있는 상태가 지속되면 어느 순간 감정이 폭발해버릴 것이다. 스트레스가 쌓이고 또 쌓여서 걷잡을 수 있는 수준에 다다르면 사람들이 선택할 수 있는 옵션은 두 가지다. 폭발하거나 그냥 놓아버리는 것이다.

따라서 모든 직장인에게는 액셀에 발을 올려 속도를 높이다가도 계기판을 바라보며 속도를 늦추는 유연함이 필요하다. 그러기 위해서는 당신의 신체와 정신을 완전히 사로잡아 새로운 시공간으로 '순간 이동'시켜줄 수 있는 취미 활동이 필요한 것이다.

중소기업을 운영하는 A 대표는 얼마 전 요리를 배우기 시작했다. 나와 친한 B 교수는 최근 그림을 배우기 위해 미술 학원에 등

록했다. C 컨설턴트는 사회인 야구에 가입하여 매주 토요일 젊은 친구들과 함께 운동장에 구슬땀을 흘린다. 대기업에 다니는 D 과장은 매년 여름 휴가에 그동안 못 다녀온 도시로 공정여행을 다니는 것을 취미로 삼고 있다. 직업과 나이와 성별에 상관없이 성공한 사람들은 자신의 본업과는 아무 상관 없는 취미 활동을 통해 일상의 스트레스를 날려버리고 있는 것이다.

번아웃 방지를 위한
소확행

취미 활동이 반드시 거창할 필요는 없다. 소확행 관점에서 보다 잔잔한 취미 활동을 생각해보자. 최근 '어른이'라는 용어가 유행이다. 어른이 되고 나서도 어린이처럼 무언가에 집중하는 트렌드를 일컫는 말이다. 이러한 취미 활동은 때로는 자신의 인생을 바꿀 수 있는 새로운 원동력이 될 수도 있다.

집과 회사만 알고 지냈던 30대 중반의 한 회사원 이야기를 들어보자. 그녀는 말 그대로 운명처럼 덕후가 됐다. 어느 날 우연히 그룹 방탄소년단의 멤버 전정국을 알게 된 이후 난데없는 '덕통 사고'를 당했기 때문이다. 최소 전치 10년의 깊은 내상을 입고 행복하게 쓰러진 그녀. 처음에는 10대 때도 하지 않았던 덕질이 익숙지 않았지만, 이제는 누군가 '정국이가 뭐가 좋냐'고 물으면 여러 이유를 나열하며 직업 정신을 발휘해 밤새도록 논리적·감정적 설득에 나선다.

무언가에 열렬히 빠진다는 것은 자신 속에 숨어있던 새로운 자아를 발견하는 위대한 경험을 제공한다. 그녀는 아미의 카페에 가입하여 활동하다가 지역 모임 대표를 맡게 되었고, 사회 곳곳에 숨어 있던 자신과 비슷한 덕후들을 만나게 되었다. 평소 내성적이었던 그녀에게 있어 이러한 리더십은 예전에는 알지 못했던 새로운 모습이다.

'덕밍아웃' 이후 그녀가 집과 회사 일을 더욱 열심히 하게 된 것은 물론이다. 무슨 이유인지 모르겠으나 얼마 전 받아든 회사의 성과 평가는 작년보다 두 단계나 높은 점수를 기록했다. 그리고 방탄소년단 해외 팬들과 SNS에서 제대로 소통하기 위해서 10년 동안 접었던 영어 공부를 다시 시작했다.

당신에게도 퇴근 후 집에 가서 당장 하고 싶은 취미 활동이 있는가? 잠자리에 들려고 하는데 자꾸 천장에 당구공이 보이고, 게임

캐릭터가 뛰어다니며, 본인이 쓴 글에 어떠한 댓글이 달렸을지 신경 쓰이는가? 아직 취미 활동을 찾지 못했다면, 어린 시절 본인을 설레게 했던 여러 활동들을 하나둘씩 떠올려 보자.

취미 활동은 본업에 충실하지 못하고 쓸데없는 곳에 에너지를 낭비하는 것이 아니다. 본업에 더욱 충실하기 위한 쓸 데 있는 투자이다.

법칙 **33**

주저 없이
멍 때려라

2015년 말 겨울, BCG에서의 마지막 프로젝트를 하던 시절이었다. 여의도에서 국내 한 금융그룹의 글로벌 전략을 수립하던 프로젝트였다. 2007년 BCG에 같이 입사했던 동기와 8년 만에 한 팀으로 근무하게 되었다. 밤 열두 시에 업무를 마치고 여의도 뒷골목의 포장마차에서 짧게 술잔을 기울였다. 나보다 한 살 어린 동기가 먼저 입을 열었다.

"형, 저는 최근 불면증에 시달렸어요. 얼마 전 몇 달 동안 휴직한 것도 사실 잠시 쉬면서 건강을 돌보기 위해서였거든요. 병원에 다니며 약을 처방받고 의사 선생님의 지시대로 생활 패턴을 바꾸고 운동도 해봤지만 불면증이 쉽게 가시지 않았어요.

그런데 최근 시작한 멍 때리기가 효과가 있더라고요. 말 그대로 아무것도 안 하고 머릿속에 온갖 잡생각을 싹 지우는 것인데요. 30분 정도 하고 나면 머리가 시원해지면서 '리셋'되는 느낌이에요. 형도 나중에 스트레스 해소 방법으로 한번 해보세요."

과중한 업무와 바쁜 일상으로 인한 스트레스성 질병의 대표격인 불면증은 내 동기만의 고민이 아니다. 동물학자 콘라트 로렌츠는 이렇게 말했다.

"산업화와 상업화는 인간이 직접 바쁜 생활 속으로 뛰어 들어가게 만들었다. 그리고 이 경쟁이 불면증, 궤양, 고혈압, 신경쇠약 같은 질병과 불균형한 삶, 진화 부적응을 불러왔다. 인간은 매혹적인 긴 깃털 때문에 날지 못해 손쉬운 먹잇감으로 전락한 새가 되었다."

가장 멍한 순간,
가장 혁신적 아이디어가 떠오른다

멍 때리기는 흔히 정신이 나간 것처럼 한눈을 팔거나 넋을 잃은 상태를 말한다. 멍하게 있는 것은 비생산적이라는 시각 때문에 지금까지 다소 부정적으로 받아들여졌던 것이 사실이다. 하지만 역사적으로 보면 멍 때리는 행동에서 세상을 바꾼 창의적인 아이디어들이 많이 나왔다.

아르키메데스는 왕으로부터 자신의 왕관이 정말 순금으로 만들어졌는지 조사해달라는 부탁을 받고 고민에 빠졌다. 그러다 머리를 식히기 위해 들어간 목욕탕에서 멍하니 있다가 우연히 부력의 원리를 발견하곤 너무 기쁜 나머지 옷도 입지 않은 채 '유레카'라고 외치며 뛰쳐나갔다. 뉴턴은 사과나무 밑에서 멍하니 있다가 떨어지는 사과를 보고 만유인력의 법칙을 알아냈다. 잭 웰치도 제너럴 일렉트릭 회장 시절 매일 한 시간씩 창밖을 멍하니 바라보는 시간을 가졌다고 한다.

보통 사람의 경우에도 책상 앞에서 머리를 쥐어짤 때보다는 지하철을 타고 가면서 멍하니 있을 때 불현듯 좋은 아이디어가 떠오르곤 한다. 실제로 미국 성인의 약 20퍼센트는 자동차에서 가장 창조적인 아이디어를 떠올린다고 한다. 《뉴스위크》는 IQ를 쑥쑥 올리는 생활 속 실천 요령 31가지 중 하나로 '멍하게 지내라'를 꼽기도 했다.

멍 때리기(無爲)는 단순한 휴가나 탐닉, 나쁜 것이 아니다. 비타민 D가 우리 몸에 꼭 필요한 것처럼 무위는 우리 뇌에 꼭 필요하다. 비타민 D가 부족하면 구루병에 걸려 신체가 변형되는 것처럼 무위가 부족하면 정신적인 고통이 생긴다. 무위가 주는 공간과 고요함은 일상에서 잠시 물러나 전체를 바라볼 기회를 제공한다. 전혀 예상하지 못했던 연결고리를 우연히 찾아 여름날의 번갯불처럼 번쩍하고 영감이 떠오를 수도 있다. 멍한 상태로 있는 것은 뇌에 휴식을 줄 뿐 아니라 자기의식을 다듬는 활동을 할 기회가 되며 평소에는 미처 생각하지 못한 영감이나 문제 해결 능력을 주기 때문이다.

하지만 멍한 상태 자체가 반짝이는 아이디어를 만들어준다고 생각해선 안 된다. 문제에 대한 배경지식과 문제를 해결하려는 진지한 고민이 있어야만 달콤한 결실을 거둘 수 있기 때문이다. 아르키메데스의 경우에는 배경지식과 문제를 해결하려는 절박함이 있었기에 목욕탕의 물이 넘치는 것을 보고 '유레카'를 외칠 수 있었다. 사과나무 아래서 만유인력의 법칙을 발견한 뉴턴 역시 그런 경우이다. 뇌는 준비된 자에게만 멍 때리기를 통해서 문제 해결의 아이디어를 준다고나 할까.

멍 때리기는
쉼표가 아닌 마침표

멍 때리기를 할 때 유의할 점이 있다. 먼저 멍 때리기는 잠시 쉬는 행위를 뛰어넘어 모든 것을 내려놓는 상태로의 전환을 의미한다. 즉 쉼표가 아니라 마침표가 되어야 한다. 컴퓨터로 치자면 절전 모드나 수면 모드가 아니라 전원을 완전히 끄는 상태로 접어드는 것이다. 바쁘게 돌아가는 일상에서 벗어나 몸과 마음을 최대한 쉬게 하기 위해서는 일상으로부터 전원 코드를 뽑는 대담한 결단이 필요한 것이다.

둘째, 멍 때리기를 통해 창조적 사고나 혁신적 아이디어가 떠오를 것이라는 기대를 품지 말자. 이는 마치 출산 전에는 '건강하게만 태어나 다오'라고 기도하다가 막상 아가가 태어나면 '영어는 언제부터 가르쳐야 하지?' 하면서 고민하는 부모의 마음 같은 것이다.

초심을 잊지 말자. 멍 때리기의 목적은 휴식 그 자체에 있다. 휴식을 통한 신체와 정신의 회복, 그리고 더 나아가 창의적인 아이디어는 결과적으로 따라오는 것임을 잊지 말자.

아낌없는 칭찬, 사과, 감사의 힘

한국 사람은 대체로 칭찬에는 인색하고, 사과에 미숙하며 감사는 망각한다. 게다가 올바른 칭찬이나 사과, 감사 표시 방법도 잘 모르는 사람이 많다. 칭찬하고 사과하고 감사하는 법만 제대로 알고 실천해도 삶이 확연히 달라질 텐데 말이다.

칭찬은 돈이 들지 않는
최고의 선물

　　　　내가 대학에서 가르치는 과목 중 하나는 비즈니스 컨설팅 실습인데, 실제 고객사를 초대하여 고객사의 경영 현안을 같이 고민하고 솔루션을 도출하는 프로젝트 형태로 진행한다.

2017년 가을학기에는 삼성전자의 마케팅전략팀을 초대하여 프로젝트를 진행하였고 최고 점수를 받은 한 팀(베트남 학생 두 명으로 구성된 팀이었다)은 삼성전자 본사에 초청받았다. 본사의 핵심 부서인 마케팅전략팀의 모든 임직원에게 본인들의 작업 결과물을 발표할 수 있는 기회를 부여받은 것이다.

두 시간 가까이 이어진 프레젠테이션에서 상무님을 비롯한 전 직원과 활발한 토론이 이뤄졌으며 흥미로운 슬라이드에 대해서는 그 자리에서 칭찬을 받았다.

"3페이지의 프레임과 접근법은 저희가 미처 생각하지 못했던 것인데 매우 재미있네요."

"10페이지의 내용은 베트남 소비자와 한국 소비자의 차이점을 잘 설명하고 있어서 매우 흥미롭고 인상적이네요. 왜 그러한 차이가 있는지 보다 자세히 설명해줄 수 있나요?"

"결론 부문 중 첫 번째 포인트는 실제 저희가 고민하고 있는 영역입니다. 짧은 시간 동안 수행한 프로젝트라는 것이 믿기지 않을 정도로 현실을 잘 반영했네요."

페이지마다 세부적인 피드백과 질문이 이어졌다. 프레젠테이션을 마치고 임직원들과 함께 구내식당에서 점심을 먹고 회사 투어를 하고 임직원과 함께 기념사진을 찍은 것은 덤이었다.

프레젠테이션을 마치고 돌아오는 길에 한 학생은 다음과 같이 이야기했다.

"얼마 전 수석 졸업자로 선정되었을 때보다 오늘 삼성전자 임직원으로부터 받은 칭찬이 훨씬 큰 영광이자 기쁨이었습니다. 아마 평생 잊지 못할 것 같아요."

칭찬의 위대한 힘을 다시 한 번 느낀 순간이었다.

직장에서 가장 칭찬에 목마른 사람이 누구일 것 같은가? 바로 당신의 상사들이다. 다음과 같이 가볍게 상사에게 칭찬을 건네보자. 단, 정치적인 아부가 되지 않도록 주의하자.

"오늘 넥타이 멋지네요!"

"오늘 미팅에서 하신 말씀 훌륭했습니다."

얼마 지나지 않아, 당신과 상사 사이에 꽃길이 놓이는 것을 느낄 것이다.

잘했다, 아주 잘했다, 아주 아주 잘했다

'겸양지덕(謙讓之德)'은 겸손하게 사양하는 미덕이라는 말이다. 그런데 겸양지덕을 강조하는 유교적인 교육을 받으며 자란 한국인들은 칭찬하는 것에 인색하고 칭찬받는 것을 어색해한다. 자신의 장점을 자랑하는 것은 잘난 척이라 생각하고 남들이 나를 칭찬해도 아니라고 손사래 치며 부정하는 것이 겸양지덕이라고 생각하기 때문이다. 그러다 보니 자연히 칭찬은 하지 않고 잘잘못을 판단하고 잘못을 지적하고 야단치는 것이 옳은 줄로 생각한다.

그냥 잘한 일에 '잘했다' '좋았다' '멋지다' '최고다' 이 한마디면 충분하다. 교육 경쟁력 1위인 핀란드는 '잘했다. 아주 잘했다. 아주 아주 잘했다'라는 세 가지 '칭찬 평가'밖에 없다고 한다. 반면 우리 사회는 온통 부정적인 평가로 가득 차 있다.

켄 블랜차드의 베스트셀러《칭찬은 고래도 춤추게 한다》에서 소개된 칭찬 10계명은 다음과 같다. 이 중 몇 가지를 실천하고 있는지 체크해보자. 아니다, 몇 가지를 실천하고 있는지 찾아서 스스로를 칭찬하자!

1. 칭찬할 일이 생겼을 때 즉시 칭찬하라.

2. 잘한 점을 구체적으로 칭찬하라.

3. 가능한 한 공개적으로 칭찬하라.

4. 결과보다는 과정을 칭찬하라.

5. 사랑하는 사람을 대하듯 칭찬하라.

6. 거짓 없이 진실한 마음으로 칭찬하라.

7. 긍정적인 눈으로 보면 칭찬할 일이 보인다.

8. 일이 잘 풀리지 않을 때 더욱 격려하라.

9. 잘못된 일이 생기면 관심을 다른 방향으로 유도하라.

10. 가끔씩 자기 자신을 칭찬하라.

제대로 사과하는 것이
결국 이기는 것이다

한국인은 사과하는 것을 매우 불편해한다. 본인 잘못이 분명한 데도 불구하고 쭈뼛거리면서 사과하는 것을 힘들어한다. 또한 사과와 변명을 애매하게 뒤섞어 두리뭉실하게 '구렁이 담 넘어가 듯이' 하는 바람에 사과를 받고 나서도 뒤끝이 개운하지 않은 경우가 많다. '사과 전문가'인 에드윈 바티스텔라가 저서 《공개 사과의 기술》에서 밝힌 사과의 원칙을 한 사건과 연결시켜 살펴보자.

2014년 12월 5일 미국 JFK 국제공항을 이륙하려던 대한항공 086편 여객기가 돌연 램프로 유턴했다. 조현아 당시 대한항공 부사장이 객실 승무원의 마카다미아 제공 서비스를 문제 삼아 항공기를 되돌리고 기내 사무장을 강제로 내리게 한 이른바 '땅콩 회항' 사건이다. 해외에서는 '땅콩 분노(nut-rage)'라는 표현으로 조롱을 당했고, 국내에서는 '사상 초유의 갑질'이라는 거센 비판을 받았다.

대한항공과 조현아 부사장은 신속하게 잘못을 인정하고 사과하는 대신 관련 사원들의 대화창을 검열하고, 거짓 해명으로 사건을 봉합하려 했다. 모욕을 준 승무원과 사무장에게 사과도 하지 않았다. 문제가 커지자 조 부사장의 부친 조양호 한진그룹 회장이 직접 기자회견을 열어 사과문을 발표했다. 그러나 때는 늦었고, 사과는 구체성과 진정성을 담지 못했다. 그 결과, 사태는 원만히 수습되지 않았고, 도리어 역풍이 일었다.

바티스텔라에 따르면 완전한 형태의 사과는 다음과 같은 요소를 포함해야 한다.

(1) 사과하는 이의 수치심과 유감 표명

(2) 특정한 규칙 위반의 인정과 그에 따른 비판 수용

(3) 잘못된 행위의 명시적 인정과 자책

(4) 앞으로 바른 행동을 하겠다는 약속

(5) 속죄와 배상 제시

이런 요소에 비춰 보면 '땅콩 회항'을 둘러싼 일련의 사과 행위는 문제 해결에 필요한 핵심 요구 사항 중 (3)~(5)번 조항을 제대로 충족하지 못했다.

사과에 관련해서는 서양인과 일본인을 본받아야 한다. 서양인

이나 일본인은 매사에 "익스큐즈 미"와 "쓰미마셍"을 입에 달고 산다. 길에서 방향을 물을 때, 지하철에서 타고 내릴 때, 커피숍에서 줄을 설 때 등 웬만한 순간마다 그들은 "죄송합니다"를 연발하는 것이다.

내가 회사와 학교에서 만난 수많은 인생 선배 중 성공적인 커리어를 밟은 사람들은 모두 사과하는 법을 제대로 알고 있었다. 그들은 사과를 부끄러워하지 않았고, 사과를 하더라도 제대로 '시원하게' 함으로써 뒤끝이 없도록 했다.

작은 것부터
감사하는 습관을 기르자

한국인은 감사에도 인색하다. 분명히 도움을 받았는데도 감사함을 표현하지 않고 지나치는 경우가 많다. 왜 그럴까? 쑥스럽기 때문일 수도 있고, 말로 전하지 않아도 진심이 전달될 것이라는 자의적인 판단 때문일 수도 있다. 최근 연구에 따르면 감사의 힘을 과소평가하는 것도 하나의 원인인 듯하다.

미국에서 감사 표현에 대한 사람들의 인식을 조사했다. 텍사스

대학교와 시카고대학교가 진행한 연구에 따르면 감사 인사는 우리가 생각하는 것보다 상대방에게 긍정적인 감정을 크게 일으킨다.

연구팀은 실험 참가자들을 대상으로 자신의 삶에 의미 있는 영향을 미친 사람에게 이메일로 감사 표현을 하도록 했다. 상대방이 자신에게 어떤 도움을 줬는지, 그 도움이 현재 자신의 인생에 어떤 좋은 영향을 미치고 있는지 언급하며 감사 인사를 하도록 한 것이다.

그다음 연구팀은 참가자들에게 상대 수취인이 어떤 감정을 느꼈을지, 감사 인사를 한 자신을 어떻게 생각할지 유추해보도록 했다. 실험 결과, 감사 편지를 보낸 실험 참가자들은 수취인이 느낄 긍정적인 감정을 과소평가하는 경향이 있었다. 반면 상대방이 이같은 편지를 받았을 때 느낄 어색하거나 불편한 감정에 대해서는 과대평가했다. 나이와 성별에 상관없이 동일한 경향을 보였다.

감사함의 표현은 듣는 상대방의 기분만 좋게 하는 것이 아니라 감사함을 표현하는 사람에게도 긍정적인 변화를 가져온다.

한스 셀리 박사는 내분비학을 전공한 학자로 하버드대학교 교수였다. 그는 스트레스 연구로 1958년 노벨상까지 받은 해당 분야의 세계 최고 대가였다. 그가 하버드대학교에서 은퇴를 앞두고 고별 특강을 하던 자리에서 있었던 일이다. 고별 강연장에는 머리가 희끗희끗한 나이 든 교수들도 참가하여 마지막 강의를 경청하였다. 그 강연장에 차고 넘칠 만큼 많은 청중이 참가하였던 것은 물론이다.

뜻깊은 강연을 마치고 단상을 내려올 때였다. 한 학생이 노교수의 앞을 막고 물었다.

"교수님, 우리는 스트레스 홍수 시대를 살고 있는데 스트레스를 이길 수 있는 길을 딱 한 가지만 일러주십시오."

그 학생의 질문에 한스 셀리 박사는 간결하게 한마디로 답했다.

"감사하십시오!"

스트레스 홍수 시대를 살아가면서 스트레스를 이길 수 있는 길은 매사에 감사하는 것이라는 말이다. 우리가 감사할 때 베타엔도르핀이 분비된다고 하는데 이는 쾌락을 느끼게 하는 강력한 신경물질로 스트레스를 없애주고 면역력을 높인다. 또한 감사의 감정이 뇌 좌측의 전전두피질을 활성화시키는데 이곳은 사랑, 공감, 열정 능 긍정적인 감정과 연관이 있는 부위다.

칭찬, 사과와 감사는
'공짜 점심'

'공짜 점심은 없다'라는 만고불변의 진리가 있지만 단언컨대 칭찬, 사과와 감사는 얼마 안되는 '공짜 점심' 중 하나다. 큰 수고와 준비가 필요하지 않지만 하고 나면 뿌듯한 포만감을 느낄 것이기 때문이다.

범사에 감사하라. 그리고 칭찬하고, 사과하라!

작은 인연일수록 더욱 소중히 하라

대학에서 근무하면서 나보다 나이가 많은 사람보다는 적은 사람을 만나는 경우가 많아졌다. 이 중 대부분은 학생들이다. 학생들과의 만남은 언제나 소중하고 즐겁다. 내가 생각하지 못했던 통통 튀는 신선한 아이디어를 가져오니 배울 점이 많은 '살아 있는 책'들이다.

사람 사이의 관계는 언제나 상대적이다. 나에게는 작은 인연일지 몰라도 상대방에게 나의 존재감은 클 수 있다. 나이가 들수록 직급이 올라갈수록 이러한 역학 관계는 더욱 단단해진다.

나는 학생들과의 만남에서 최선을 다하고 있는가? 매일매일 반성하고 되돌아보며 하는 질문이다. 하지만 아무리 강조해도 지나치지 않다.

인시아드의 학장이었던 디팍 자인 교수는 학생들과 점심 식사를 할 때 제일 먼저 하는 것이 있다. 학생들 한 명 한 명의 이름과 출신 국가, 학년을 묻고 하나하나 노트에 필기한다. 그리고 그다음부터는 그들의 이름을 불러주고, 그들의 출신 국가와 관련된 내용을 화제로 삼는다. 디팍 자인 교수에게는 매일매일 반복되는 일상이지만 학생들 개인에게는 소중한 순간으로 평생 기억될 것이다.

신용, 쌓는 데는 평생 무너지는 것은 한순간

얼마 전 타계한 구본무 전 LG그룹 회장은 사업에서는 누구보다 엄격한 승부사였지만 평소에는 상대를 존중하고 배려하는 리더십을 발휘했다. 구 회장의 존중과 배려는 작은 것이라도 자신이 약속한 것은 반드시 지키려고 하는 데서 잘 드러난다.

한 번은 콘퍼런스에서 만난 대학원생들과 "다음에 다시 한 번

자리를 만들겠다"며 식사 약속을 잡았는데, 이후 구 회장이 방미 경제사절단으로 가게 되면서 일정이 겹치게 됐다. 구 회장은 이 대학원생들과의 약속을 지키기 위해 이틀간 빡빡한 일정을 소화한 뒤 잠깐의 휴식도 마다하고 곧바로 귀국했다. 당시 구 회장은 대학원생들에게 다음과 같이 말했다.

"신용을 쌓는 데는 평생 걸리지만 무너지는 것은 한순간입니다. 피곤했지만 여러분과의 약속을 지키기 위해 어젯밤에 귀국했습니다."

작은 인연을 더욱 소중히 여겨야 하는 이유 두 가지가 있다.

첫째, 작은 인연은 챙기지 않으면 쉽게 사라지는 휘발성을 갖고 있다. 자신의 이해관계가 얽혀 있는 큰 인연은 자신이 관리하고자 하지 않더라도 업무상으로 혹은 본능적으로 관리할 수밖에 없다. 하지만 작은 인연은 너무나도 짧게 스쳐가는 인연이기 때문에 본인이 특별히 신경을 쓰지 않으면 기억 저편으로 흔적도 없이 사라지게 마련이다.

모든 인연이 동일한 가치를 갖고 있다고 해보자. 큰 인연과 작은 인연 중 어느 쪽에 더욱 많은 노력을 해야 하는가? 작은 인연이다. 작은 인연 하나를 놓쳤다면 한 사람이 살아온 인생을 통째로 잃어버린 것이다. 문틈으로 불어오는 겨울바람에 꺼지기 쉬운 초롱불처럼 소중히 다루고 아껴야 하는 존재인 것이다.

둘째, 작은 인연은 더욱 아낄수록 내 평생의 동반자가 된다. 관계는 언제나 상대적이기 때문에 관계의 경중은 모든 사람이 본능적으로 알게 된다. 관계의 구도에서 작은 위치를 점유하는 사람은 상대적으로 소극적으로 행동하게 마련이다. 교수와 제자의 관계, 상사와 부하의 관계, 친구가 많은 사람과 적은 사람의 관계를 떠올려보자. 모든 관계에 있어 전자보다는 후자가 열위에 있다. 이러한 관계의 지속적이고 건강한 발전을 위해서는 전자의 역할이 매우 중요하다. 한 걸음 더 다가서고 한마디라도 더 건네주는 작은 행동이 그들과의 작은 인연을 큰 인연으로 만들어준다. 그리고 이러한 인연을 통해 만난 사람은 다른 곳에서는 쉽게 찾을 수 없는 평생의 든든한 후원자가 될 것이다.

"이 지구상 어느 한 곳에, 요만한 바늘 하나를 꽂고, 저 하늘 꼭대기에서 밀실을 또 딱 하나 떨어뜨리는 거야.

그 밀실이 나풀나풀 떨어져서 그 바늘 위에 꽂힐 확률! 바로 그 계산도 안 되는 기가 막힌 확률로 너희가 지금 이곳, 지구상의 그 하고많은 나라 중에서도 대한민국, 그중에서도 서울, 서울에서도 세현고등

학교, 그중에서도 2학년, 그걸로도 모자라 5반에서 만난 거다.

지금 너희들 앞에, 옆에 앉은 친구들도 다 그렇게 엄청난 확률로 만난 거고, 또 나하고도 그렇게 만난 거다.

그걸 '인연'이라고 부르는 거다."

2001년에 개봉한 영화 〈번지점프를 하다〉에서 교사 이병헌이 학생들을 처음 만나 전한 이야기다. 위의 대사와 같이 인연의 위대함을 깨닫고 살아가는 사람이 몇이나 될까?

지금 자신의 주변을 둘러보자. 가족, 친구, 직장 동료 들을 소중한 인연으로 마주하고 있는가? 그들 중 나와의 관계에서 소외된 사람이 있는가? 다시 말하지만 당신과의 연결고리가 가장 약한 사람이 바로 지금 당신이 챙겨야 할 인연이다.

늦지 않았다. 아직 내 옆에 있다는 것만으로도 큰 인연이 될 확률을 품고 있는 것이니까.

법칙 36

눈을
마주쳐라

대화의 상대방, 청중들과 눈을 맞추는 것을 불편해하는 사람이 많다. 대화 중 상대방을 제대로 쳐다보지 못하고 상대방 뒤에 있는 시계를 바라보거나, 프레젠테이션 중 청중들 사이에 있는 의자나 물병에 시선을 묶어놓는 사람들을 어렵지 않게 볼 수 있다.

BCG의 프레젠테이션 트레이닝에서는 재미있는 게임을 한다. 발표자 한 명이 앞에 나와서 발표 준비를 하는 동안 관객들은 모두 한 손을 들게 한다. 이때 한 가지 주문을 한다.

"발표자가 각 관객의 눈을 5초 이상 바라보면 관객은 손을 내릴 수 있습니다. 관객은 마음속으로 5초를 카운트하세요. 발표자는 준비한 발표가 끝나기 전에 모든 사람들의 손이 내려가도록 하는 것이 이번 게임의 목표입니다."

발표자의 시선은 항상 관객을 향해야 하며, 모든 사람의 눈을 고루고루 돌아가며 바라봐야 한다.

눈은
제2의 입

랄프 왈도 에머슨은 다음과 같이 눈맞춤의 중요성을 강조했다.

"사람의 눈은 혀만큼이나 많은 말을 한다. 게다가 눈으로 하는 말은, 사전 없이도 전 세계 누구나 이해할 수 있다."

보스턴칼리지의 심리학과 교수 크리스 클라인크가 한 실험자에게 다른 사람으로부터 동전을 빌리게 했다. 누구나 동전 정도는 쉽게 빌려준다. 하지만 조건이 있었다. 어떤 때는 눈을 똑바로 바라보면서 동전을 빌려달라고 요청했고, 어떤 경우에는 상대방의 눈을 피하면서 부탁을 했다.

실험 결과 상대방과 시선을 마주치며 부탁할 때는 84퍼센트의 사람들이 동전을 빌려주었고, 눈을 피했을 때는 64퍼센트만이 동전을 건넨 것으로 나타났다. 시선이 마주쳤다는 이유로 눈을 피했을 때보다 상대적으로 많은 사람이 동전을 빌려준 것이다.

눈맞춤의 효과를 입증하는 실험을 하나 더 살펴보자. 1986년 찰스 브룩스, 마이클 처치, 랜스 프레이저 등 세 명의 심리학자가 실험 참가자들에게 어떤 이의 면접 영상을 보여줬다. 영상에서 소리를 없애 실험 참가자들은 면접 내용을 알 수 없었고, 오로지 면접 모습만 볼 수 있었다. 1분 동안 영상을 본 후에 실험 참가자들은 면접자를 평가했다.

내용도 모르면서 사람을 평가하는 건 어찌 보면 말도 안 되지만, 실험 참가자들은 면접관을 똑바로 바라보는 면접자에게 더 좋은 점수를 주었다. 면접관을 더 오래 쳐다본 사람일수록 더 믿을 수 있다고 평가한 것이다.

그렇다면 눈맞춤이 왜 중요할까?

첫째, 화자는 청자와 눈을 맞춤으로써 자신감, 공감, 결백 등 다양한 감정을 전달한다. 다른 사람의 시선을 금방 피하는 사람은 정서적으로 불안하며 자신감이 결여되었다는 인상을 줄 수 있다. 또한 눈을 마주치지 않는 것은 본인의 감정을 제대로 통제하지 못한다는 이미지를 주는 것은 물론, 상대방으로 하여금 불편함과 불신을 갖게 한다.

둘째, 화자의 눈맞춤과 얼굴 표정은 '무언의 메시지'를 전달한다. 화자는 청자와 눈맞춤을 하면서 자신의 얼굴 표정을 활용한 '페이스랭귀지(face language)'를 표현할 수 있다. 폴 에크먼 박사는 뉴기니아와 아프리카 원주민 등 20여 개 문명의 인간 표정을 연구하여 인류 공통 감정이 얼굴에 어떻게 나타나는지 밝혀냈는데, 인간은 43개의 얼굴 근육을 통해 1만 가지가 넘는 표정을 만들 수 있다고 한다. 즉, 눈빛과 얼굴 표정은 화자의 목소리와 별도로 고유의 메시지를 만들어낼 수 있기 때문에 눈맞춤은 매우 중요하다.

셋째, 상대방과 청중의 표정과 속내를 이해하기 위함이다. 아랍에는 다음과 같은 속담이 있다.

표정을 이해하지 못하는 사람은 긴 설명을 이해하지 못한다.

이야기를 듣는 사람도 얼굴의 표정과 시선을 통해 무언의 대화를 시도한다. 지금 진행되고 있는 대화나 프레젠테이션이 흥미로 운지, 이해하기 어려운 것은 아닌지 등을 직관적으로 표현한다. 따라서 화자 혹은 발표자는 상대방의 얼굴 표정과 시선을 살피며 대화나 프레젠테이션의 토픽, 말의 속도 등을 조절해야 한다.

그렇다면 눈맞춤을 잘하기 위해서는 어떻게 해야 할까?

첫째, 상대가 부담스럽지 않은 훌륭한 눈맞춤 기술은 눈동자를 눈의 중앙에 두고 시선을 움직이는 것이다. 상대방의 눈을 7~8초 바라본 뒤, 코에 시선을 2초 정도 두었다가 다시 눈을 쳐다보는 방법으로 눈맞춤을 시도하는 것이 가장 바람직하다.

둘째, 보디랭귀지나 사물을 적절히 섞어보자. 상대방과 눈맞춤을 쉽게 하기 위해서는 다른 수단을 활용하는 것도 나쁘지 않다. 손짓을 하거나 팔짱을 끼거나 박수를 치거나 다리를 꼬면서 자세를 바꾸는 등 상대방의 시선을 거둘 수 있는 적절한 보디랭귀지는 눈맞춤이 장시간 지속됨에 따른 피로감을 덜어준다. 때로는 찻잔, 노트, 스마트폰, 시계 등의 사물을 적절히 활용하여 시선을 끄는 것도 상호 눈맞춤의 긴장감을 완화시키는 훌륭한 방법이다.

눈은 마음의 창이라고 한다. 매일 일상에서 마주치는 사람들을 향해 마음의 창을 활짝 열고 따뜻한 눈맞춤을 시도해보자.

자주 만나는 사람은 물론, 일 년에 한두 번도 보기 힘든 사람에게 좋은 인상을 주고, 대화의 분위기를 한결 더 부드럽게 만들 수 있을 것이다.

목소리는
제2의 얼굴

인시아드 교수 중 실적이 매우 훌륭한 교수가 있었다. 세계적인 학교를 우수한 성적으로 졸업하고 인시아드에서 각종 연구 실적을 갈아치운 그는 '40대 이하 스타 교수'로 선정되는 영광도 차지했다.

하지만 그에게도 아킬레스건이 있었으니, 많은 청중 앞에서 긴장하면 걷잡을 수 없이 떨리는 목소리였다. 아무리 훌륭한 악보라해도 조율이 안 된 악기를 만나면 감흥이 떨어지듯이, 그의 학문적역량은 때때로 반감되기 일쑤였다. 이처럼 목소리는 때로 전하고자 하는 내용의 알맹이보다 중요하다.

UCLA 심리학과 명예교수인 앨버트 메라비언은 대화에서 말의 내용보다 비언어적 요소가 훨씬 중요하다는 이론을 발표하였다. 그 내용을 구체적으로 살펴보면 한 사람이 상대방으로부터 받는 신뢰는 시각 55퍼센트, 청각 38퍼센트, 말의 내용 7퍼센트에 의해 결정된다는 법칙이다. 같은 내용을 전달한다 하더라도 화자의 외모나 옷차림, 그리고 목소리가 콘텐츠 그 자체보다 열 배 이상의 영향을 미친다는 것은 상당히 인상적이다. 더욱이 시각적인 요소만큼이나 청각적인 요소도 매우 중요하다는 점은 놀랍지 않을 수 없다.

목소리의 중요성은 일상적인 대인 관계는 물론 연인 사이에서도 그대로 적용된다. 한 결혼정보회사는 재미있는 설문조사를 했다. 이성을 바라볼 때 얼굴 외의 요소 중 무엇이 가장 중요한지에 대한 설문이었다.

설문 결과, 여자들은 남자의 얼굴 외 요소 중 목소리(58퍼센트), 딱 벌어진 어깨(22퍼센트), 커다란 손(14퍼센트) 등이 중요하다고 답했다. 또한 남자들 역시 여자의 얼굴 다음으로 목소리(32퍼센트), 키(29퍼센트), 미소(24퍼센트) 순으로 중요하다고 답했다. 누군가에게 호감을 사는 데 결정적인 것은 시각적 이미지지만 결정적인 신뢰감을 얻는 데는 목소리가 가장 중요한 것이다. 따라서 목소리는 제2의 얼굴이

자, 때로는 외모를 이기는 최고의 매력 자본이라고 할수 있다.

좋은 목소리의 3대 요소: 발성, 발음, 호흡

그렇다면 과연 타고난 목소리를 노력으로 바꿀 수 있을까? 수많은 목소리 트레이닝 전문가들은 꾸준한 노력이 뒷받침된다면 누구나 목소리를 바꿀 수 있다고 한다.

좋은 목소리의 3요소는 발성, 발음, 호흡이다. 이와 관련해서는 시중에 굉장히 많은 책이 나와 있고 잘 정리된 블로그나 기사도 많기 때문에 핵심만 짚고 넘어가도록 하겠다.

먼저 발성법이다. 가장 유명한 방청객 발성법을 연습해보자. 방청객들이 가장 많이 하는 리액션이 "음~" "아~" "오~"인데, 바로 이 '음, 아, 오' 세 개의 음 영역만으로 목소리를 바꿀 수 있다. "음~"이라고 하게 되면 코부터 시작해서 머리 언저리부터 얼굴 전체에 파동이 전달된다. 그러면 소리가 굉장히 깊어지고, "아~"라고 하게 되면 입안에 공간이 많이 확보되면서 마찬가지로 깊은 소리와 울리는 소리를 낼 수 있다. "오~"라고 하면 턱의 움직임을 도 와준다. 그래서 발음을 유연하게 할 수 있다. 이렇게 '음, 아, 오' 이 세 가지 음만 매일 연습하게 되면 목소리가 좋아지는 것을 느낄 수 있을 것이다.

둘째, 정확한 발음은 목소리에 중요한 영향을 미친다. 발음을 개선하기 위한 '입술 국민체조'를 알아보자. 입술 운동으로 '마바 파'를, 턱 운동으로 '타나다'를, 혀 운동으로 '라리루'를 반복해서 발음해보자. 발음이 점차 정확해지는 것을 느낄 것이다.

마지막으로 호흡이다. 목소리를 변화시키기 위해 중요한 첫걸 음이 복부를 이용한 복식 호흡을 배우는 것이다. 복식 호흡을 하면 가슴과 배를 구분하는 근육막인 횡경막이 아래로 내려가면서 폐가 크게 확장되고 폐에 깊숙이 공기가 들어가 크고 힘 있는 목소리를 낼 수 있다.

복식 호흡을 집에서 쉽고 재미있게 연습할 수 있는 방법으로 풍선을 활용하는 방법이 있다. 배를 등 쪽으로 수축시켜 쑥 들어가 게 힌 상대로 한 빈의 날숨 호흡으로 풍선을 불어보거나 풍선을 몇 초 동안 불 수 있는지 초시계로 시간을 재어보는 것이다. 매일 연 습하면서 풍선을 한 호흡에 얼마나 크게 불 수 있는지 얼마나 오랫 동안 불 수 있는지 게임을 해보자. 목표를 정해 놓고 기록하는 습관을 들인다면 흥미도 생기고 복식 호흡을 습관화하는 데 도움이 될 것이다.

목소리를 변화시키는 것도 근육을 만드는 과정과 비슷해서 꾸준히 매일 연습하는 것이 중요하며 얼마나 노력했는지에 따라 목소리의 변화 속도도 달라질 것이다. 복근을 만들기 위해서는 피땀 어린 노력이 필요하지만 제2의 얼굴인 목소리를 바꾸기 위해서도 그 이상의 노력이 필요하다.

언제든
하고 싶은 일을 하라

대학을 졸업하고 공군 장교로 군 생활을 하면서 군인이자 사회인으로서 커리어를 시작했다. 2006년 말 겨울, 전역을 앞둔 열 명 남짓한 장교들과 강릉 공군 비행단장과의 간담회가 있었다. 군인 신분에서 벗어나 곧 사회로 나갈 20대 중후반의 청년들에게 당시 단장은 다음과 같은 조언을 건넸다.

"여러분들은 이제 새로운 세상에서 새로운 꿈을 펼쳐나갈 매우 중요한 기점에 놓여 있습니다. 한 가지 확실한 것은 현재 상상하는 것 이상으로 다이내믹하고 즐거운 인생이 펼쳐질 것입니다. 그러한 인생을 최대한 즐겁게 영위하기 위해서는 첫 직장이 매우 중요하죠.

인생 선배로서 첫 직장을 선택하는 데 한 가지 지침을 드리고 싶습니다. 첫 직장 선택은 결국 본인이 잘하는 것과 본인이 하고 싶은 것 사이에서의 갈등을 얼마나 현명하게 해결하는가에 따라 그 성패가 갈립니다.

본인이 잘하는 것 중 가장 하고 싶은 것을 선택하는 것보다, 본인이 하고 싶은 것 중 가장 잘하는 것을 선택하십시오. 이 작은 생각의 차이가 10년 뒤, 20년 뒤에는 매우 커다란 차이를 가져올 것입니다."

메멘토 모리,
당신도 죽는다

8년간 아스날의 주포로 활약한 판 페르시는 2012년 다음과 같은 희대의 명언을 남기고 맨유로 떠났다.

"인생을 살면서 어려운 결정을 해야 할 때에는 내 안의 작은 아이에게 귀를 기울인다. 그 아이가 맨유라고 외쳤다."

스티브 잡스 역시 스탠퍼드대학교의 졸업 연설에서 비슷한 이야기를 건네주었다.

> "여러분의 시간은 제한되어 있습니다. 다른 누군가의 인생을 사는 것처럼 낭비하지 마세요. 자신 내면의 소리를 방해하는 다른 사람들의 의견을 허락하지 마십시오. 그리고 무엇보다 중요한 것, 여러분의 마음과 직관을 따르는 용기를 가져야 합니다. 메멘토 모리(Memento Mori: 당신도 죽는다는 것을 잊지 말라)!"

평안 감사도 저 싫으면 그만이듯이, 자신이 하고 싶은 일인지가 언제나 판단의 최우선이 되어야 한다.

서울대학교의 최인철 교수는 저서 《프레임》에서 '세상을 바라보는 마음의 창'이라는 심리학 개념으로서 프레임을 소개하였다. 프레임과 관련된 재미있는 이야기를 하나 소개한다.

> 어느 날 세실과 모리스가 예배를 드리러 갔다. 세실이 랍비에게 가서 물었다.
>
> "혹시 기도 중에 담배를 피워도 되나요?"
>
> "(랍비가 정색을 하며) 형제여, 그건 절대 안 되네. 기도는 신과 나

누는 엄숙한 대화인데 그럴 순 없지."

한참 후, 이번에는 모리스가 랍비에게 물었다.

"담배를 피우는 중에는 기도를 하면 안 되나요?"

"(랍비가 온화한 미소를 지으며) 형제여, 기도에는 때와 장소가 따로 없다네. 담배를 피우는 중에도 기도는 얼마든지 할 수 있지!"

어떠한 마음가짐과 생각을 출발점으로 하여 시작했느냐에 따라 180도 다른 결과가 나온다. 비록 그 시작은 한 끗 차이로 미미해 보이지만 결코 무시할 수 없는 차이를 가진 결말을 불러오는 것이다.

자신이 하고 싶은 일들을 1위부터 순서에 맞춰 정리했다고 가정해보자. 그 다음은 과연 자신이 할 수 있는지를 판단해야 하는 순서인데, 이때 '초긍정적인 마인드'를 가져야 한다. 남들이 '근자감'이라 놀릴지언정 본인의 능력에 대해 무한한 가능성을 허락해보자.

내가 만약
할 수 있다면

자신의 능력에 대해서 고민할 때는 '내가 과연 할 수 있을까?'라는 딱딱한 질문 대신 '내가 만약 할 수 있다면…'과 같이 열린 가능성을 품고 질문을 던져야 한다. 영어로 표현하자면 'can'이 아닌 'might'의 가정법으로 본인 역량에 대해서 자문하는 것이다. 'might 질문' 기법의 권위자인 민 바사두르는 다음과 같이 이야기한다.

"사람들은 종종 '내가 이것을 어떻게 할 수 있을까?(How can I do this?)' 혹은 '내가 이것을 어떻게 해야 할까?(How should I do this?)'와 같은 질문으로 문제를 해결하려고 한다. 하지만 이 질문들의 can과 should는 판단을 강요하는 언어로서 사람들의 사고를 경직시킨다. 반면 이 단어들을 might로 바꾸는 작은 행동 하나만으로도 엄청난 변화를 가져올 수 있다. 왜냐하면 might는 판단을 유보하는 언어로서 사람들로 하여금 부담없이 자유롭게 더 열려 있는 가능성을 고민하게 하기 때문이다."

아이디오의 팀 브라운은 다음과 같이 'might 질문'의 위대함을 설파했다.

"might는 가능할 수도 있는, 혹은 가능하지 않을 수도 있는 아이디어를 꺼내게 돕는 단어이다. 사실 아이디어의 가능성 여부는 현 단계에서 결코 중요한 것이 아니다."

본인의 역량과 관련하여 might라는 질문을 던져보자. 본인이 현재 갖고 있지 않은 역량과 기술까지 포괄적으로 아우를 수 있는 대담한 용기와 혁신적인 아이디어가 샘솟을 것이다. 마흔 즈음의 나이는 can과 should의 언어로 가능성을 차단해 버리기에는 아직 무한한 잠재력을 내포하고 있다.

이왕이면
하늘이 부른 일을 하자

세 벽돌공에게 무슨 일을 하고 있는지 물었는데 답이 각각이다. 첫 번째 벽돌공은 "벽돌을 쌓고 있다"(생업)고 했고,

두 번째는 "교회를 짓고 있다"(직업)고 했다. 세 번째는 "하나님의 성전을 짓고 있다"(천직)고 답했다. 이 답변은 자신의 일을 생업이나 직업으로 여기는 사람보다 더 큰 목적과 연관된 일(천직)로 여기는 사람이 성공할 확률이 높다는 의미를 함축하고 있다. 여기서 말하는 천직이라 함은 다른 말로 하늘의 부름인 '소명(calling)'이라고 할 수 있다.

독일어에는 '일'을 물어보는 두 가지 질문 방법이 있다.

Was machen Sie?

Was sind Sie von Beruf?

직역하자면 첫 번째 문장은 "당신은 (먹고 살기 위해) 무엇을 만듭니까?"인 반면 두 번째 문장은 "당신의 천직(즉 하늘의 부름)은 무엇입니까?"이다.

지금 당신은 생업을 영위하고 있는가, 아니면 하늘의 소명에 답하고 있는가? 당신의 동공을 확장시키고 심장을 뛰게 하는 일을 하고 있는가? 자다가도 벌떡 일어나서 하고 싶은 일을 하고 있는가? 일을 하면서 콧노래를 흥얼거리고 시간 가는 줄 모르는가? 내일이 인생의 마지막이라도 지금 하는 일을 할 것인가? 이 책을 덮고 나서 다시 한 번 찬찬히 고민해보자. 아직 마흔 즈음이지 않은가?

퇴사가 아닌
졸업을 준비하라

BCG의 평균 근속 연수는 2~3년 정도이다(내 개인적인 경험이니 실제 수치와는 약간 상이할 수 있다). 입사는 어렵지만 퇴사는 상대적으로 어렵지 않은 조직이다. 퇴사에 대한 '심정적 문턱'이 상대적으로 낮다는 이야기인데, 이는 퇴사를 긍정적으로 바라보는 회사 전체의 시각에 기인한다.

BCG에서는 퇴사를 졸업이라고 부른다. 그리고 BCG에서 근무한 모든 직원을 동문이라고 부르며 지속적으로 동문 관리를 한다. 졸업 후에도 연말에는 BCG의 새로운 다이어리가 배달되고 동문의 경조사 소식이 전·현직 직원에게 공유되어 같이 챙길 수 있게 한다.

또한 매년 가을에는 전 세계적으로 'BCG Global Alumni Day' 파티를 개최하여 전·현직 컨설턴트 간의 네트워킹을 도모한다. 대부분의 동문이 BCG를 졸업한 후 각계각층에서 우수한 커리어를 쌓아가고 있으니 졸업을 축하하며 새로운 앞날을 격려하는 것은 당연한 일이라 할 수 있다.

이러한 문화가 최근 한국 전반으로 확산되고 있는 모양새다. 베이비부머 세대 때에는 한 회사에서 한평생 일하는 것이 일반적이다 보니 '퇴사=은퇴'라는 암묵적인 공식이 있었다. 하지만 경력 개발을 위해서 이직을 서너 번 경험하는 현대 직장인들에게 퇴사는 새로운 세계로 연결된 관문이자 한 단계 올라설 수 있는 도약대로서 의미가 강하다. 오늘의 끝이자 내일의 시작으로서의 의미를 가지게 된 것으로, 졸업처럼 '끝과 시작이 공존'하는 형태로 진화한 것이다.

대부분의 사람은
해고를 당할 만큼 운이 좋지 않다

베스트셀러 작가 팀 페리스는 저서《나는 4시간만 일한다》에서 다음과 같이 퇴사를 장려한다.

남은 인생을 맞지 않는 직장에 주저앉아 보내는 것은 말도 안 되는 짓이다. 대부분의 사람들은 해고를 당할 만큼 운이 좋지 않기 때문에 평범한 일들을 견뎌내면서 30~40년 동안 정신적으로 서서히 죽어간다.

해고를 당하는 것이 운이 좋은 일이라고? 조금은 극단적이지만 한번 생각해볼 만하다.

그렇다면 언제, 어떻게 퇴사해야 하는가? 상사가 들들 볶는다고 해서 즉흥적으로 무턱대고 자리를 박차고 나가며 사표를 던지는 것은 본인 인생에 있어 무책임한 행동이자 바람직하지 않은 퇴사다. 다음 날 아침 '죄송합니다. 제가 잠깐 미쳤었나 봅니다'라고 문자를 보낼지 말지 고민하는 퇴사는 절대로 해서는 안 된다.

퇴사는 매일 해야 하는 자신과의 대화

스티브 잡스는 다음과 같이 말했다.

"지난 33년간 매일 아침 거울을 보면서 나 자신에게 묻곤 했습니다. '오늘이 내 인생의 마지막 날이라면, 그래도 오늘 하려던 일을 하고 있을까?' 하고 말입니다. 연달아 '아니오!'라는 대답이 며칠 계속 나올 때는 뭔가 변화가 필요한 때라는 사실을 깨달았습니다."

그렇다. 퇴사에 대해서는 매일 꾸준히 스스로 체크하는 주도적인 자세가 필요하다. BCG에서 퇴사 후 LG전자로 이직한 지 며칠 되지 않은 시점이었다. 같은 부서에서 근무하던 A 부장은 다음과 같은 말을 했다.

"새로운 회사로 이직함과 동시에 새 회사에서의 퇴사를 진지하게 고민해야 해. 무슨 말이냐 하면 지금 이 직장을 너의 커리어 목표를 달성하기 위해 거쳐가는 단계와 과정으로 이해해야 한다는 거야. LG전자에서 몇 년을 근무하고, 무엇을 얻어갈 것이며, 어떠한 기여를 할 것인지를 지금부터 고민해야 해. 다시 말해 입사 당일부터 '퇴사 계획서'를 작성해야 한다는 거야!"

내가 근무 중인 솔브릿지 국제경영대학의 저먼 로즈 학장은 매학기 말 정년 퇴임하거나 혹은 다른 학교로 이직하는 교수들의 환송회에서 다음과 같은 짧은 문장으로 환송사를 시작한다.

"세상 모든 직업은 영원하지 않습니다(Every job is temporary)!"

그렇다. 만남이 있으면 헤어짐이 있듯이, 입사가 있으면 퇴사가 있는 법이다. 따라서 퇴사를 어려워하고 불편해할 필요가 없다. 오히려 담담히, 그리고 즐겁게 받아들여야 한다. 여기서 더욱 중요한 것은, 아름다운 퇴사가 되기 위해서는 입사와 퇴사 사이의 시간을 최대한 의미 있고 알차게 보내야 한다는 것이다.

2017년 출간된 《퇴사준비생의 도쿄》 서문에는 퇴사가 제시하는 '가볍지 않은' 의미가 담겨 있다.

'퇴사'라는 단어가 중요한 것은 주체적이고 주도적인 삶을 살기 위해서는 마지막이 있다는 사실을 인지할 수 있어야 하기 때문이다. 회사 생활의 끝인 퇴사를 준비하는 것은 퇴사 이후의 삶을 위해서이기도 하지만, 회사를 다니고 있는 현재의 삶을 더 가치 있게 만들기 위해서이기도 하다.

내일의 안녕만큼이나 오늘의 안녕을 위해서도 퇴사에 대한 고민이 필요하다는 의미이다. 그래서 '퇴사는 장려할 일이 아니지만, 퇴사 준비는 권장할 만한 일'이다. 누구나, 언젠가, 한 번쯤 퇴사 준비생이 되어야 하는 이유이다.

퇴사가 아닌 졸업이라는 자세로 직장 생활의 마지막을 마주하자. 그리고 퇴사 후의 삶을 고민하고 준비하면서 현재의 직장 생활을 더욱 충실하게 채우길 바란다. 퇴사 자신감이 현재에 대한 자신감으로 이어지는 긍정적 선순환을 경험할 것이다.

늦은 때란
없다

영국에 사는 80대 초반의 할머니 에디는 한평생 몸이 불편한 남편 뒷바라지를 하다가 얼마 전 남편을 여의었다. 남편이 세상을 떠나고 난 후 혼자만 덩그러니 남겨진 일상은 전혀 즐겁지 않았다. 혼자 남은 어머니를 돕기 위해 딸이 일주일에 한 번씩 집을 찾아왔지만 딸과의 갈등만 더욱 커졌고, 삶은 걷잡을 수 없이 엉망진창이 되었다. 삶의 이정표를 잃고 표류하던 에디에게 무미건조한 일상이 반복되고 있었다.

그녀는 어느 날 평소처럼 점심을 하러 늘 다니던 동네 식당을 방문한다. 여느 때처럼 주인이 살갑게 에디를 맞아준다.

"늘 먹던 것을 주세요."

에디는 짧게 주문을 넣었다. 그리고 잠시 후 "계란을 추가하기에는 늦었나요?"라고 질문을 했다. 이때 식당 주인이 한 대답이 에디에게 깊은 울림을 전한다.

"늦은 때란 없어요. 에디(It's never too late for you, Edie)!"

이 말을 들은 에디는 예전에 아버지와 함께 가기로 했던 수일벤 산을 떠올린다. 그리고 그녀는 다음 날 인생 마지막 도전이 될 수도 있는 수일벤 산 등반을 위해 길을 떠난다.

2018년에 개봉한 영국 영화 〈에디〉의 한 장면이다. 80세가 넘은 고령임에도 불구하고 새로운 도전을 하는 할머니 에디의 장엄한 도전이 시종일관 유쾌하게 그려져 마음이 따뜻해지는 영화다.

우송대학교의 존 엔디컷 총장은 백발이 성성한 미국인이다. 엔디컷 총장은 우송대학교와 인연을 맺고 한국에 11년째 거주 중이며 83세의 연세에도 불구하고 건강한 미소와 유머 감각을 잃지 않고 있다. 더욱 놀라운 것은 한국어를 더욱 유창하게 구사하기 위해서 지금도 꾸준히 한국어 수업을 듣는다는 것이다. 새로운 것에 대한 배움의 열정은 나이를 초월해서 한 개인의 의지에 비례하여 존재하는 것이다. 한국어를 배우는 이유를 묻자, 다음과 같이 대답했다.

"한국어를 배우는 것은 한국인의 사고방식과 문화를 좀 더 잘 이해하기 위해서입니다."

엔디컷 총장의 말은 세계적인 언어학자인 노엄 촘스키의 주장과 일맥 상통한다. 노엄 촘스키는 다음과 같이 이야기했다.

"언어 구조는 사고뿐만 아니라 현실 자체를 결정한다."

한국인들이 매년 새해 첫날 세우는 '신년 계획'에 영어 학습이 단골로 등장하는 이유도 다 나름의 이유가 있는 것이다.

올해 당신은 새로운 것을 배우기 위해 어떠한 것들을 시작했는가? 운동일 수도 있고, 새로운 분야에 대한 독서가 될 수도 있으며, 외국어 학습 혹은 배낭 여행이 될 수도 있다. 지금도 꾸준히 배움을 지속하고 있는가? 새로운 것에 대한 배움의 열정과 과정은 그 자체로 남은 인생을 더욱 활기차고 다채롭게 꾸며주는 훌륭한 재료이다.

카운트다운
시계

카운트다운 시계는 '사망 예측 나이'를 상정하고 현재부터 그때까지 며칠이 남았는지 계산해주는 시계다. 예를 들어 40세의 남성이 자신이 80세에 사망할 것이고 가정한다면 14,600일이 남은 것이다. 그리고 그 시계에 맞춰 하고 싶은 일들을 하나하나 채워나간다.

때로는 카운트다운 시계를 5년씩 묶어서 관리할 수도 있다. 무언가 새로운 것을 시작하고 자기 몸에 익숙한 습관이 되게 하기 위해서는 대략 5년 정도의 시간이 필요하다. 앞서 언급한 40세 남성의 사례를 생각해보면, 5년씩 8번의 주기가 지나면 더 이상 새로운 것을 배우고 싶어도 배울 수 없는 때가 올 것이다.

스티브 잡스는 다음과 같이 죽음의 존재 의의를 예찬했다.

"죽음은 삶이 만든 단 하나의, 최고의 발명품입니다. 그것은 인생을 변화시키는 계기입니다. 그것은 오래된 것들을 치움으로써 새로운 것들을 위해 길을 만들어주는 것입니다."

죽음은 삶을 끝내고 존재를 소멸시키기도 하지만, 때때로 유용하며 눈부신 삶을 위해 필요한 것이다. 철학자 토드 메이는 죽음의 유용성을 이렇게 지적한다.

> "죽음이 삶에 중요성을 부여하는 것 중 하나는 인간의 삶을 미래로 이어지도록 만든다는 것이다. 그래서 인간은 계획을 세우고, 일에 헌신하며, 관계를 구축하면서 미래를 열고 개발하는 데 열정을 쏟는다."

죽음이 가지는 부정적 의미를 잠시 잊고 '현재의 삶에 충실하라'는 가르침에 귀 기울이자. 그럴 경우 매일매일의 삶을 보다 진지하게 마주할 수 있고, 새롭고 유의미한 하루를 보내기 위한 새로운 도전을 할 수 있다.

장 폴 사르트르는 다음과 같이 매일 맞이하는 하루의 소중함을 강조했다.

> "우리에게 남은 날은 단 하루다. 그 하루는 언제나 다시 시작된다. 하루는 새벽에 주어지고, 해질녘이면 달아난다."

오늘부터 당장 새로운 것을 배워보자. 유대인 현자 힐렐도 같은 의견인 것 같다.

"지금 안 하면 언제 할 것인가?"

참고자료

강진구, 〈포수(捕手) 리더십〉, 《LG Business Insight》(1071호.) LG경제연구원, 2009.

고영성·신영준, 《일취월장》, 로크미디어, 2017.

공병호, 《공병호의 자기경영노트》, 21세기북스, 2001.

김난도, 《아프니까 청춘이다》, 쌤앤파커스, 2010.

김용규, 《생각의 시대》, 살림, 2014.

김화동, 《딸에게 힘이 되는 아빠의 직장 생활 안내서》, 민음인, 2013.

로저 마틴, 현호영 옮김, 《디자인 씽킹 바이블》, 유엑스리뷰, 2018.

브라이스 호프먼, 한정훈 옮김, 《레드 팀을 만들어라》, 토네이도, 2018.

빌 올렛, 백승빈 옮김, 《스타트업 바이블》, 비즈니스북스, 2015.

세스 고딘, 남수영·이주형 옮김, 《보랏빛 소가 온다》, 재인, 2004.

셰릴 샌드버그·애덤 그랜트, 안기순 옮김, 《옵션 B》, 와이즈베리, 2017.

스콧 앤서니 외, 이성호·김길선 옮김, 《파괴적 혁신 실행 매뉴얼》, 옥당, 2011.

애덤 그랜트, 홍지수 옮김, 《오리지널스》, 한국경제신문, 2016.

앤절라 더크워스, 김미정 옮김, 《그릿》, 비즈니스북스, 2016.

에드윈 L. 바티스텔라, 김상현 옮김, 《공개 사과의 기술》, 문예출판사, 2016.

유성은, 《사장의 시간학》, 팬덤북스, 2014.

윤석철, 《삶의 정도》, 위즈덤하우스, 2011.

임춘성, 《매개하라》, 쌤앤파커스, 2015.

정병익, 《4차 산업혁명 시대, 디자인 씽킹이 답이다》, 학현사, 2019.

정병익, 《컨설팅의 심리학》, 리텍콘텐츠, 2018.

최인철, 《프레임》, 21세기북스, 2016.

크리스틴 포래스, 정태영 옮김, 《무례함의 비용》, 흐름출판, 2018.

팀 페리스, 박선령·정지현 옮김, 《타이탄의 도구들》, 토네이도, 2017.

폴 J. 켈리, 김경태·김창환 옮김, 《스토리텔링 프레젠테이션》, 멘토르, 2010.

피터 틸·블레이크 매스터스, 이지연 옮김, 《제로 투 원》, 한국경제신문, 2014.

피터 피스크, 장진영 옮김, 《게임체인저》, 인사이트앤뷰, 2015.